PROVENCE
KRÄUTERKÜCHE AUS DEM SÜDEN

Texte, Rezepte und Styling: Armin Zogbaum
Assistenz: Maya Loosli

Fotos: Jérôme Bischler
Assistenz: Adriano Tuozzo

HÄDECKE

Lizenzausgabe für Hädecke Verlag, D-71256 Weil der Stadt

Gestaltung Umschlag und Inhalt: Dora Eichenberger, Birrwil
Fotos: Jérôme Bischler, Schönenberg
Lithos: Neue Schwitter AG, Allschwil
Satz und Digitalvorlagen: Kneuss Print AG, Lenzburg
Printed in Germany, 2001

ISBN 3-7750-0354-1

Inhalt

Rezepte

Verwendete Abkürzungen

EL = gestrichener Esslöffel
TL = gestrichener Teelöffel
dl = Deziliter
ml = Milliliter
Msp = Messerspitze

Wo nicht anders vermerkt, sind die Rezepte
für 4 Personen berechnet

Dankeschön

Der größte Dank geht an meine besten Freunde Maya Loosli und Marco Camenzind, und dies nicht nur für ihre tatkräftige und kreative Unterstützung bei diesem Buch, sondern auch für ihre jahrelange wunderbare Freundschaft.

Jérôme Bischler danke ich für die anregende und angenehme Zusammenarbeit und die wunderschönen Fotos.

Mein ganz besonderer Dank gilt Jérôme Bischlers Eltern, die uns während der ganzen Produktionszeit ihr traumhaftes Haus in der Haute Provence zur Verfügung gestellt haben.

Adriano Tuozzo: du warst ein wunderbarer Fotoassistent. Auch dir ein ganz herzliches Dankeschön für die tolle Leistung, die gute Laune und die Hilfsbereitschaft.

Ein Dankeschön von ganzem Herzen meinen Eltern für die motivierenden Worte und Aufmunterungen.

Ohne Eure Unterstützung hätte das Projekt in dieser Form nicht realisiert werden können. Ganz herzlichen Dank.

Vorwort

Sind nicht für die meisten unter uns die ersten geschmacklichen Erlebnisse und Erinnerungen mit den Gewürzen der Provence verbunden? Schon eine Prise der legendären Kräutermischung kann aus einem langweiligen Gericht eine kleine Sensation zaubern. Kräuter der Provence sind nicht umsonst auf der ganzen Welt beliebt und berühmt. Wer damit würzt, bei dem kocht die Sonne mit.

Schließen Sie doch einmal die Augen. Und riechen Sie an dieser wunderbaren, einmaligen Kräutermischung. Man braucht diesen Fleck Erde nicht einmal unbedingt bereist zu haben und trotzdem spürt man die flimmernd heiße, von Aromen geschwängerte Luft über diesem ockerroten Landstrich mit seinen wogenden lila Lavendelfeldern.

Dieses Buch entstand in der Haute Provence, nördlich von Avignon. Die Landschaft mit ihrem Reichtum an Frischprodukten und natürlich an «herbes de Provence» waren Inspiration für die Rezepte, die ich vor Ort ausgearbeitet und ins Notizbuch geschrieben habe. Die modernen wie die ländlichen Kreationen sind voller Kraft und Wärme; sie sind eine Liebeserklärung an die Provence und ganz speziell an die provenzalische Küche. Mit ihren Düften und Farben lassen sie einige Gewürze in einem neuen Licht erscheinen. Und sie eignen sich keinesfalls nur für Pikantes. Auch mit Kräutern verfeinerte Desserts und Kuchen dürfen nicht fehlen.

Die Provence-Küche verwöhnt uns mit einer Extraportion Sonnenschein – und wer möchte schon darauf verzichten!

Armin Zogbaum

Die Sonne im Glas – So konservieren Sie Kräuter richtig

Es gibt verschiedene Möglichkeiten, Kräuter haltbar zu machen. Auf jeden Fall sollte man sie bei schönem Wetter und am Morgen pflücken, nachdem der Morgentau verdunstet ist und die Blätter trocken sind. Zu dieser Tageszeit haben die Kräuter das intensivste Aroma. Und je aromatischer das Frischprodukt, desto aromareicher wird die daraus hergestellte «Konserve» sein.

Kräuter trocknen

Diese einfache und schnelle Art der Haltbarmachung dürfte auch die verbreitetste sein. Dazu werden junge Kräuterzweiglein mit der Schere abgeschnitten, zu Sträußchen gebunden und zum Trocknen an einem schattigen, luftigen Ort aufgehängt. Oder man breitet die Zweiglein auf rostfreien Gittern oder Haushaltpapier aus. Direkte Sonnenbestrahlung mögen die Kräuter nicht; sie verfärben sich grau und die ätherischen Öle verflüchtigen sich. Die Kräuter sind dann trocken, wenn man sie zwischen den Fingern fein und gleichmäßig zerreiben kann. In einem verschließbaren Glas aufbewahren; dunkel und trocken lagern.

Getrocknete Kräuter sind etwa 12 Monate haltbar.

Kräuter tiefkühlen

Die Kräuterblättchen von den Stielen zupfen und am besten offen auf einer geeigneten Unterlage einfrieren, dann in Plastikbeutel füllen. Wenn die Kräuterblättchen zuerst in Öl eingetaucht werden, behalten sie ihre grüne Farbe.

Oder die Kräuterblättchen fein hacken und in einen Eiswürfelbehälter verteilen, mit Wasser auffüllen und tiefkühlen, dann in Plastikbeutel abfüllen. So hat man stets die richtige Portion Kräuter griffbereit.

Tiefgekühlte Kräuter sind etwa 6 Monate haltbar.

Kräuterblättchen in Öl und Kräuterpaste

Die frischen, gut trockenen Kräuterblättchen von den Stielen zupfen und in Gläser füllen. Ein gutes Öl, z. B. Olivenöl nativ extra, mit wenig Salz würzen (1 TL Salz pro Liter Öl), die Kräuter damit bedecken.

Für Kräuterpaste die trockenen frischen Kräuterblättchen mit einem Messer fein hacken und locker in Gläser füllen. Ein gutes Öl, z. B. Olivenöl nativ extra, mit Salz würzen (1 EL Salz pro Liter Öl), die Kräuter damit bedecken.

Um Lufteinschlüsse zwischen den Kräutern zu verhindern (dies gilt für Kräuterblättchen wie für gehackte Kräuter), die verschlossenen Gläser einige Male auf ein mehrmals gefaltetes Küchentuch klopfen.

Die eingelegten Kräuter können wie frische verwendet werden. Das aromatisierte Öl eignet sich hervorragend für Marinaden, Salatsaucen und zum Braten.

Die eingelegten Kräuter an einem dunklen, kuhlen Ort lagern, denn Wärme und Licht lassen Öl schneller ranzig werden.

Kräuterblättchen in Öl und Kräuterpasten sind je nach Lagerbedingungen 6 bis 12 Monate haltbar.

Kräuter der Provence

Die berühmte Kräutermischung «Herbes de Provence» wird aus getrockneten Kräutern und Gewürzen hergestellt und weltweit verkauft. Sie setzt sich aus Basilikum, Bohnenkraut, Fenchel, Koriander, Lavendel, Lorbeer, Rosmarin, Salbei, Majoran (Oregano) und Thymian zusammen, wobei Rosmarin und Thymian den größten Anteil ausmachen.

Armins provenzalische Gewürz-Mischung

3 EL getrocknete Lavendelblüten
3 EL getrockneter Thymian
2 TL getrockneter Rosmarin,
im Mörser zerstoßen
1 TL getrocknetes Basilikum
1 TL getrocknetes Bohnenkraut
1 TL zerriebener, getrockneter Salbei
1 getrocknetes Lorbeerblatt, fein zerkrümelt
je 1/2 TL Fenchel- und Koriandersamen,
im Mörser zerstoßen

Alle Zutaten mischen, in ein Glas füllen und verschließen.

Die Gewürzmischung ist etwa 1 Jahr haltbar.

Armins provenzalische Kräuterpaste

ergibt 3 Gläser von je 1,2 dl/120 ml Inhalt

6 EL fein gehackte Rosmarinnadeln
4 EL Thymianblättchen
3 Knoblauchzehen, fein gehackt
3 EL frische oder getrocknete Lavendelblüten
2 EL fein gehacktes Basilikum
1 EL fein gehacktes Bohnenkraut
1 1/2 TL Meersalz
2,5 dl/250 ml Olivenöl nativ extra

Alle Zutaten mischen, in ein Glas füllen und sofort verschließen. Die Kräuter müssen vollständig mit Öl bedeckt sein.

Die Paste ist kühl und dunkel gelagert 6 bis 12 Monate haltbar.

Salbei – sauge

Salvia officinalis

Der robuste, mehrjährige Salbei trägt von Juni bis August kleine violett-blaue Blüten. Er liebt trockenen Boden und viel Sonne. Bei idealem Standort wächst er sehr schnell zu einem kleinen, verholzenden Busch von etwa 50 bis 70 cm Höhe.

Auf Wochenmärkten und in Gärtnereien findet man bei uns auch weniger bekannte Sorten wie den stark duftenden griechischen Salbei (Salvia triloba) sowie fruchtig duftende Sorten aus Mittelamerika, z. B. Ananassalbei (Salvia rutilans), Pfirsichsalbei (Salvia greggii) und Fruchtsalbei (Salvia dorisiana). Ihr Aroma weicht mitunter vom echten Salbei stark ab. Wegen ihren großen Blüten sind sie nicht nur als Würzmittel und Teeaufguss, sondern auch als Zierpflanze beliebt.

Anbau und Pflege In der Provence mit ihrem milden, warmen Klima wird der Salbei im Freien ausgesät. Das ist bei uns leider nicht möglich. Man kauft ihn als Jungpflanze und pflanzt ihn ab Mitte Mai ins Freie oder zieht ihn im Topf. Im Hochsommer kann der Salbei durch Stecklinge vermehrt werden. Die Pflanze ist nur in milden Lagen winterhart. Im Topf kann man den Salbei problemlos im Haus überwintern. Er ist nicht anfällig für Krankheiten. Extreme Nässe behagt ihm allerdings nicht, und bei Staunässe im Topf verfaulen die Wurzeln. Um das Wachstum zu fördern, sollte die Pflanze im Frühjahr auf etwa 5 cm zurückgeschnitten werden.

Ernte Einzelne Blätter und Zweige können das ganze Jahr über geerntet werden.

Verwendung in der Heilkunde Salbei-Tee ist fiebersenkend, stoppt übermäßiges Schwitzen und lindert Unwohlsein. Das Gurgeln mit lauwarmem Tee hilft bei Halsschmerzen.

Rosmarin – romarin

Rosmarinus officinalis

Dieser attraktive mehrjährige immergrüne Strauch kann eine Höhe von 150 cm erreichen. Er trägt im Frühsommer, von Mai bis Juli, kleine blaue Blüten, die viele Bienen anziehen.

Rosmarin ist eines der wenigen Kräuter, die beim Trocknen kaum Aromastoffe verlieren. Die beste Jahreszeit zum Trocknen ist der Herbst, denn dann sind die neuen Triebe ca. 20 cm lang. Allerdings sollten diese nie bis ganz auf das alte Holz zurückgeschnitten werden, sondern immer in 2 bis 3 cm Entfernung. Die Nadeln müssen dabei unverletzt bleiben.

Anbau und Pflege Rosmarin kann im Sommer durch geschnittene Stecklinge vermehrt werden. Einfacher ist es, gekaufte Jungpflanzen ab Mitte Mai ins Freiland oder in einen Topf zu pflanzen. Rosmarin wächst langsam und braucht viel Platz. Am besten gedeiht er an einem warmen, sonnigen und etwas windgeschützten Ort. Er ist nur in milden Lagen winterhart. Wenn man die Pflanze im Topf belässt, kann sie problemlos im Haus überwintert werden.

Ernte Einzelne Zweige, nicht einzelne Nadeln, können das ganze Jahr über geerntet werden.

Verwendung in der Heilkunde Ein bis zwei Tassen Rosmarintee aus frischen oder getrockneten Nadeln lindern Blähungen und regen Verdauung, Gallensekretion und Leberfunktion an. Rosmarin-Tee ist auch ein mildes, beruhigendes Mundwasser bei entzündetem Zahnfleisch.

Bohnenkraut – sarriette

Satureja hortensis

Das Bohnenkraut ist eine einjährige, schnellwachsende buschige Pflanze von bis zu 30 cm Höhe. Sie trägt von August bis September kleine weiße Blüten. Zusammen mit seinen silbrig-grün schimmernden Blättern ist das Bohnenkraut in jedem Kräutergarten ein schöner Blickfang und natürlich ein unverzichtbares Gewürz für alle Bohnengerichte. Es gibt auch eine winterharte Sorte (Satureja montana), die strenger schmeckt.

Anbau und Pflege Die Samen können im Frühjahr in Anzuchtkästchen oder kleinen Blumentöpfen ausgesät und zum Keimen an ein helles Fenster gestellt werden. Die Jungpflanzen werden ab Mai ins Freie gepflanzt. Dann ist das Wetter auch mild genug, dass man im Garten direkt aussäen kann. Die Samen brauchen zum Keimen viel Sonne und Feuchtigkeit und sollten nur sparsam mit Erde bedeckt werden. Während der Wachstumsphase ist der Boden möglichst feucht zu halten. Im Hochsommer verträgt die Pflanze auch Trockenheit.

Ernte Einzelne Zweige können den ganzen Sommer über geerntet werden. Im Herbst schneidet man die verbleibenden, trocknet sie und hat so einen Vorrat bis zur nächsten Vegetationszeit.

Verwendung in der Heilkunde Der Bohnenkraut-Tee wirkt antiseptisch. Insektenstiche immer wieder mit dem Aufguss betupfen, das beruhigt und lindert den Juckreiz. Bohnenkraut stärkt den Magen und wirkt darmregulierend.

Thymian – thym

Thymus vulgaris

Der Thymian ist ein mehrjähriger immergrüner Halbstrauch, der bei uns 25 cm hoch werden kann. In der Provence erreicht er wegen des heißen Klimas und des kargen Bodens oft nur 10 cm. Mit seinen kräftigen verholzten Ästen ähnelt er winzigen uralten Bonsais. Thymian trägt von Juni bis September kleine rosa Blüten.

Neben dem wilden Thymian (Thymus serpyllum), auch Feldthymian oder Quendel genannt, erfreuen sich auch die vielen Arten des Gartenthymians wachsender Beliebtheit. Besonders der Zitronenthymian (Thymus citriodorus) ist als Gewürz und Tee sehr in Mode, denn seine ungefähr doppelt so großen immergrünen Blätter verströmen neben dem kräftigen Thymian- auch einen frischen Zitronenduft.

Anbau und Pflege In unserem eher kühlen Klima kann Thymian nicht wie in der warmen Provence im Freien ausgesät werden. Am einfachsten ist der Kauf einer Jungpflanze, die dann ab Mitte Mai im Freiland oder in einen Topf gepflanzt werden kann. Einmal angewachsen, lässt sich die Pflanze im Sommer durch Ausläufer oder Stecklinge vermehren. Thymian gedeiht am besten in einem eher trockenen Boden an einem sonnigen Standort. Extreme Nässe behagt der Pflanze nicht, und bei Staunässe im Topf verfaulen die Wurzeln.

Ernte Einzelne Zweige können das ganze Jahr über geerntet werden.

Verwendung in der Heilkunde Thymian-Tee lindert Erkältungen. Der Aufguss hilft äußerlich bei Schnittwunden und Prellungen.

Lorbeer – laurier

Laurus nobilis

Dieser langsam wachsende immergrüne mehrjährige Strauch ist sehr dekorativ. Er darf nicht mit dem ungenießbaren Zierlorbeer (Kirschlorbeer – Prunus laureoceranus) verwechselt werden. Unter idealen Bedingungen wächst der Lorbeer zu einem sehr großen Busch oder sogar Baum; er kann bei regelmäßigem Schneiden auf einer Höhe von 180 cm gehalten werden. Lorbeer blüht im Frühling unauffällig cremefarben und trägt im Spätsommer fast kirschgroße Früchte. Seine würzig-bitteren Blätter sind aus der provenzalischen Küche nicht wegzudenken.

Anbau und Pflege Weil die Samen in unserem Klima nur sehr spärlich, wenn überhaupt, keimen, wird Lorbeer besser aus im Frühsommer geschnittenen Stecklingen gezogen. Lorbeer ist nur bedingt winterhart, deshalb wird er bei uns meist in Kübel gepflanzt. So lässt sich der Strauch bei strengem Frost einfach ins Haus bringen. Man kann Lorbeer leicht selber als Bäumchen oder Kegel in Form schneiden und erhält jedes Mal eine ansehnliche Ernte an Blättern, die getrocknet lange haltbar sind.

Koriander

Ernte Einzelne Blätter und Zweiglein lassen sich das ganze Jahr über ernten, wobei sie im Hochsommer am aromatischsten sind.

Verwendung in der Heilkunde Lorbeer ist verdauungsfördernd und leicht antiseptisch.

Fenchel

Wilder Fenchel – fenouil

Foeniculum vulgare

Die mehrjährige Pflanze liebt relativ trockenen Boden und braucht viel Sonne. Unter idealen Bedingungen wird sie bis 150 cm hoch. Der Fenchel hat wie der Dill hohle Stiele. Er trägt von Juli bis in den Herbst gelbe Blütendolden. Neben den Samen kann man auch die sehr feinen, aromatisch duftenden Blätter zum Würzen verwenden.

Anbau und Pflege Fenchel wird im Frühjahr im Freien ausgesät oder durch Wurzelballenteilung vermehrt.

Ernte Ab Mitte Sommer lassen sich einzelne Zweige und Anfang Herbst die Samen ernten. Im Spätherbst sollte die Pflanze zurückgeschnitten werden. Die geernteten Blätter trocknen und bis zur ersten neuen Ernte als Gewürz verwenden.

Verwendung in der Heilkunde Mit Tee von wilden Fenchelsamen können bronchiale Beschwerden gelindert werden.

Koriander – coriandre

Coriandrum sativum

Koriander, wegen seines kräftigen, etwas eigenartigen Duftes auch «Wanzendill» genannt, wird in der provenzalischen Küche vorwiegend als Samen verwendet. Er ist Bestandteil der Gewürzmischung «Herbes de Provence». Dieses bis zu 80 cm hohe Kraut mit seinen rosa Blütenbüscheln war ursprünglich am Mittelmeer und in Vorderasien beheimatet, es wird heute aber in vielen Ländern angebaut.

Anbau, Pflege und Ernte Koriander lässt sich problemlos ab Mai aus Samen ziehen. Sie brauchen zum Keimen viel Sonne und Feuchtigkeit und sollten nur sparsam mit Erde bedeckt werden. Koriander kann laufend geerntet werden. Da er nur eine kurze Vegetationszeit hat, muss er häufig mehrere Male gesät werden. Bei ausgewachsenen Pflanzen liefern die Blüten später die sogenannten Spaltfrüchte.

Verwendung in der Heilkunde Koriander gehört zu den ältesten Heilkräutern in der Volksheilkunde. Mit den getrockneten Früchten behandelten die alten Ägypter Magen- und Darmbeschwerden. Koriander hilft bei Migräne und wird sogar für Medikamente verwendet.

Basilikum – basilic

Ocimum basilicum minimum

Das in der Provence beheimatete Basilikum unterscheidet sich vom italienischen (Ocimum basilicum) durch seine kleinen, kräftigen Blätter, seine runde, buschige Form und das etwas intensivere Aroma. Die Pflanze wird bis 30 cm hoch – italienisches Basilikum wird 60 cm hoch –, sie ist ebenfalls einjährig und sehr frostempfindlich. Zum Kochen lassen sich beide Sorten gleich gut verwenden.

Anbau und Pflege Basilikumsamen können im Frühjahr in Anzuchtkästchen an einem hellen Fenster vorgezogen werden. Ab Ende Mai werden die Pflänzchen ins Freie gesetzt. Die Samen brauchen zum Keimen viel Sonne und Feuchtigkeit, zudem sollten sie nur sparsam mit Erde bedeckt werden. Um Schnecken fernzuhalten – sie lieben Basilikum über alles – die Pflanzen mindestens handbreit mit feinen Kieselsteinen umstreuen.

Ernte Basilikum kann laufend geerntet werden. Damit die Pflanze eine schöne buschige Form bekommt, immer die jungen Triebe und nicht einzelne Blätter ernten.

Verwendung in der Heilkunde Basilikum-Tee lindert Blähungen und Übelkeit und vieles mehr.

Lavendel – lavande

Lavandula angustifolia

Der Lavendel ist ein mehrjähriger immergrüner Strauch von buschiger Form. Es gibt verschiedene Züchtungen. Alle Arten werden zwischen 60 und 90 cm hoch und tragen meist lila Blüten. In der Provence werden vorwiegend zwei Arten kultiviert: der echte Lavendel (Lavandula angustifolia), auch Englischer Lavendel genannt, und die widerstandsfähigere Hybride «Lavandin», eine Kreuzung zwischen dem echten Lavendel und dem Spike Lavendel (Lavandula latifolia), auch holländischer Lavendel genannt, der 1828 entdeckt wurde. Die Hybriden produzieren keine keimfähigen Samen; die Pflanze muss durch Stecklinge vermehrt werden. Die Hybriden haben noch einen weiteren Vorteil: Während der echte Lavendel nur bis auf einer Höhe von 350 m ü. M. gedeiht, wächst Lavandin bis 900 m ü. M. Das Aroma des echten Lavendels ist süßer und harmonischer und entsprechend teurer. Zum Kochen können die Blüten beider Sorten verwendet werden.

Anbau und Pflege Samen von echtem Lavendel lässt sich im Frühjahr in Anzuchtkästchen an einem hellen Fenster vorziehen. Ab Mai werden die Jungpflanzen im Freien oder in Töpfe gepflanzt. Einfacher ist es, Stecklinge zu schneiden, die im Frühjahr oder Sommer leicht Wurzeln schlagen. Damit die Pflanzen buschig bleiben und nicht verholzen, sollten sie im Herbst auf rund 15 cm Höhe zurückgeschnitten werden.

Ernte Die Lavendelblüten erst ernten, wenn sie lilafarben und voll aufgeblüht sind. Zum Trocknen die ganzen Blütenstängel schneiden, mit den Blütenrispen nach unten aufhängen und trocknen. Getrocknete Blüten können mit den Fingern einzeln abgestreift werden.

Verwendung in der Heilkunde Lavendel-Tee und ätherisches Lavendelöl helfen bei Kopfschmerzen und Nervosität. Die Schläfen mit wenig Öl betupfen und einreiben. Das ätherische Öl entfaltet auch in einem warmen Bad seine Wirkung und entspannt und beruhigt.

Rezepte

Kräuterfrischkäse-Rondellen mit Wildblumenblüten

ergibt 8 kleine Käserondellen

+) 500 g Jogurt natur
$^{2}/_{3}$ TL Meersalz
1 Prise schwarzer Pfeffer, frisch gemahlen
3 EL fein gehacktes Bohnenkraut
kleine essbare Blüten, z. B. von Borretsch, Thymian, Salbei, Bohnenkraut, Holunder, Klee, Pfefferminze, Lavendel

+) Frischkäse natur

1 Ein Chromstahlsieb mit einem Gaze-(Mull-) oder einem Küchentuch auslegen und auf ein Gefäß setzen.

2 Den Jogurt mit Salz und einer Prise Pfeffer leicht würzen. In das Sieb gießen. Im Kühlschrank etwa 24 Stunden abtropfen lassen.

3 Aus der Jogurtmasse von Hand eine etwa 3 cm dicke Rolle formen, im gehackten Bohnenkraut wenden und in 8 Rondellen schneiden.

4 Die Kräuterrondellen auf Blättern anrichten, mit den Blüten garnieren.

Tipp Den Frischkäseteig zu Bällchen formen und in Olivenöl nativ extra, eventuell mit Kräutern angereichert, einlegen. Hält sich im Kühlschrank bis zu 3 Monate.

Nektarinen-Tomaten-Salat mit Lavendel-Kräuter-Vinaigrette

Vinaigrette
4 TL Weißweinessig
2 TL Lavendelhonig
1/2 TL Thymianblättchen oder
1/3 TL getrockneter Thymian
1/3 TL fein gehackte frische oder getrocknete Lavendelblüten
4 EL Olivenöl nativ extra
Meersalz
schwarzer Pfeffer, frisch gemahlen

6 reife Nektarinen
6 reife Tomaten
2 Frühlingszwiebeln

2 EL kleine Basilikumblättchen, für die Garnitur

1 Für die Vinaigrette alle Zutaten verrühren, mit Salz und Pfeffer abschmecken und etwa 1 Stunde ziehen lassen.

2 Die Nektarinen halbieren und entsteinen, den Stielansatz wegschneiden, die Fruchthälften in Spalten schneiden. Die Tomaten ebenfalls halbieren und den Stielansatz mit einem spitzen Messer kreisförmig herausschneiden, in etwa 1 cm dicke Spalten schneiden.

3 Nektarinen und Tomaten auf Tellern anrichten.

4 Die Frühlingszwiebeln in feine Scheiben, die Röhrchen in feine Ringe schneiden, über den Salat streuen. Mit der Vinaigrette beträufeln und mit Basilikumblättchen garnieren.

Tipp Die Nektarinen durch geschälte Pfirsiche ersetzen. Zum Schälen die Pfirsichhaut mit einem Messer kreuzförmig einritzen und die Pfirsiche für 20 Sekunden mit einem Schaumlöffel in kochendes Wasser tauchen, herausnehmen und in kaltem Wasser (eventuell Eiswasser) abschrecken, dann die Haut abziehen.

Geräucherte Forellenmousse zwischen Rosmarincrackern

Rosmarincracker
125 g Weißmehl/Mehl Typ 405
1/2 TL Meersalz
1 TL Backpulver
1 EL fein gehackte Rosmarinnadeln
50 g geriebener Parmesan
75 g Rahm-/Sahnequark
1 EL Olivenöl nativ extra
1 Eigelb von einem Freilandei
Mehl für die Arbeitsfläche

Geräucherte Forellenmousse
100 g gekühlte geräucherte Forellenfilets
1,8 dl/180 g gekühlter Rahm/süße Sahne
1 EL trockener Wermut, z. B. Noilly Prat
Meersalz
schwarzer Pfeffer, frisch gemahlen

einige Rosmarinzweiglein, für die Garnitur

1 Für die Cracker das Mehl mit Salz, Backpulver, Rosmarin und Parmesan mischen. Quark, Olivenöl und Eigelb dazugeben, zu einem glatten Teig zusammenfügen, nicht kneten. In Klarsichtfolie einwickeln und rund 1 Stunde kühl stellen.

2 Den Backofen auf 200 °C vorheizen.

3 Den Teig mit wenig Mehl zwischen zwei Klarsichtfolien etwa 1 mm dünn ausrollen. 24 Kreise von etwa 8 cm Durchmesser ausstechen und auf mit Backpapier belegte Bleche legen.

4 Die Bleche nacheinander (im Heißluftbackofen miteinander) in der Mitte des auf 200 °C vorgeheizten Ofens einschieben, die Cracker 10 bis 12 Minuten goldgelb backen, herausnehmen und auskühlen lassen.

5 Für die Mousse die geräucherten Forellenfilets hacken, mit dem Rahm und dem Wermut zuerst pürieren, die Masse anschließend mit dem Schneebesen steif schlagen, mit Salz und Pfeffer abschmecken.

6 Die Mousse auf die Cracker spritzen, zu Türmchen schichten (6 Cracker pro Türmchen). Mit Rosmarinzweiglein garnieren. Sofort servieren.

Pikanter Oliven-Gugelhupf mit Lavendelblüten

für eine Gugelhupfform von 2 l Inhalt

Butter für die Form

500 g Halbweißmehl/
Mehl Typ 550
2 TL Meersalz
2 EL frische oder getrocknete Lavendelblüten
1 Hefewürfel
1 EL Honig
4 dl/400 ml zimmerwarme Buttermilch
4 EL Olivenöl nativ extra
50 g entsteinte schwarze Oliven, grob gehackt

1 Das Mehl mit dem Salz und den Lavendelblüten in einer Schüssel mischen und in die Mitte eine Mulde drücken. Die Hefe zusammen mit dem Honig in der Hälfte der Buttermilch auflösen, in die Mulde gießen, mit wenig Mehl zu einem dünnflüssigen Brei verrühren. Die Schüssel mit einem Tuch bedecken und den Vorteig bei Zimmertemperatur etwa 15 Minuten gehen lassen.

2 Die restliche Buttermilch, das Olivenöl und die Oliven zufügen, das Ganze zu einem glatten Teig kneten. Die Schüssel wieder mit dem Tuch bedecken, den Teig bei Zimmertemperatur auf das doppelte Volumen aufgehen lassen.

3 Den Backofen auf 200 °C vorheizen. Die Gugelhupfform gut mit Butter ausstreichen.

4 Den Teig nochmals kräftig kneten, in die ausgebutterte Gugelhupfform füllen, glatt streichen. Die Form mit einem Tuch bedecken, den Gugelhupf aufgehen lassen, bis er die Form fast vollständig ausfüllt.

5 Den Gugelhupf im unteren Drittel des auf 200 °C vorgeheizten Ofens rund 45 Minuten backen. Herausnehmen, sofort aus der Form stürzen und möglichst lauwarm servieren.

Tipp Lavendel durch 1 EL fein gehackte Rosmarinnadeln oder 2 TL getrockneten Rosmarin (im Mörser zerstoßen) ersetzen.

Hefeschnecken mit schwarzen Oliven und Pinienkernen

für 12 Schnecken

Hefeteig
250 g Halbweißmehl/
Mehl Typ 550
1 TL Meersalz
2 TL Provencekräuter
1/2 Päckchen Trockenhefe
1,5 dl/150 ml lauwarmes Wasser
2 EL Olivenöl nativ extra

1/2 dl/ 50 ml Milch, zum Bepinseln
Tomatenpaste/-konzentrat
150 g entsteinte schwarze Oliven, gehackt
80 g Pinienkerne

1 Für den Hefeteig alle Zutaten in eine Schüssel geben, zu einem glatten Teig kneten. Die Schüssel mit einem Tuch bedecken, den Teig bei Zimmertemperatur rund 30 Minuten gehen lassen, bis er etwa das doppelte Volumen erreicht hat.

2 Den Teig auf wenig Mehl zu einem etwa 5 mm dünnen Rechteck ausrollen. Dünn mit der Tomatenpaste bestreichen, die gehackten Oliven und die Pinienkerne darauf verteilen. Von der Längsseite her aufrollen. Die Teigrolle mit einem scharfen Messer in 12 gleich dicke Scheiben portionieren, mit genügend Abstand auf ein mit Backpapier belegtes Blech legen. An einem zugfreien Ort weitere 20 Minuten gehen lassen.

3 Den Backofen auf 200 °C Grad vorheizen.

4 Die Hefeschnecken in der Mitte des vorgeheizten Ofens bei 200 °C in 17 bis 20 Minuten backen. Herausnehmen und möglichst lauwarm servieren.

Kräuter-Bagels mit Tatar aus sonnengetrockneten Tomaten

ergibt 6 Stück

Bagel-Hefeteig

400 g Weißmehl/Mehl Typ 405
1 TL Meersalz
1 Hefewürfel
1 EL Honig
2,5 dl/250 ml lauwarmes Wasser
3 EL Olivenöl nativ extra

1 Eiweiß, zum Bepinseln
2 EL Provencekräuter
1 EL grobes Meersalz

Tomaten-Tatar

180 g sonnengetrocknete Tomaten in Olivenöl eingelegt, abgetropft
6 Kapern
2 EL Olivenöl nativ extra
1 TL grobkörniger Dijonsenf
2 EL Cognac
2 TL Rotweinessig
1 kleine rote Zwiebel
1 kleine Knoblauchzehe
1 TL fein gehackter Thymian
1 TL Rosmarinnadeln oder
3/4 TL getrockneter Rosmarin
schwarzer Pfeffer, frisch gemahlen

1 gelber Zucchino
2 kleine Tomaten
einige Basilikumblättchen, für die Garnitur

1 Für den Hefeteig das Mehl und das Salz in einer Schüssel mischen. Die Hefe mit dem Honig und einigen Esslöffeln lauwarmem Wasser glatt rühren, zusammen mit dem Olivenöl und dem restlichen Wasser zum Mehl geben, zu einem glatten Teig kneten. Die Schüssel mit einem Tuch bedecken, den Teig bei Zimmertemperatur rund 30 Minuten gehen lassen, bis er etwa das doppelte Volumen hat.

2 Den Teig in 6 gleich große Portionen teilen. Jedes Teigstück zu einer Kugel formen, mit einem Finger durch die Mitte der Teigkugel ein Loch bohren und daraus einen gleichmäßigen Ring formen.

3 In einem Topf das Wasser bis knapp vor dem Siedepunkt erhitzen. Die Teigringe nacheinander auf jeder Seite ca. 30 Sekunden pochieren, mit dem Schaumlöffel herausnehmen und auf ein mit Backpapier belegtes Blech setzen.

4 Den Backofen auf 200 °C vorheizen.

5 Die Teigringe mit dem verquirlten Eiweiß bepinseln, mit Provencekräutern und grobem Salz bestreuen.

6 Die Bagels in der Mitte des auf 200 °C vorgeheizten Ofens etwa 20 Minuten backen.

7 Für das Tatar die sonnengetrockneten Tomaten, die Kapern und die Zwiebel sehr fein hacken, vermengen. Die Knoblauchzehe dazupressen, die Kräuter zugeben, mischen. Mit Pfeffer würzen.

8 Die Bagels einmal waagerecht durchschneiden, die Schnittflächen mit dem Tomaten-Tatar bestreichen, den Zucchino und die Tomaten in dünne Scheiben schneiden, darauf legen, mit der zweiten Brothälfte bedecken. Mit Basilikumblättchen garnieren.

Würzige Oliven-Schinken-Baguette mit Rosmarin

für 4 Baguettes von ca. 30 cm Länge

150 g Rohschinken oder durchwachsener Speck
1 Zwiebel
1 Knoblauchzehe
700 g Halbweißmehl/Mehl Typ 550

2 EL fein gehackte Rosmarinnadeln oder
4 TL getrocknete Rosmarinnadeln
1 Hefewürfel
1 EL Honig
4 dl/400 ml lauwarmes Wasser
1 EL Meersalz
200 g entsteinte schwarze Oliven, grob gehackt
6 EL Olivenöl nativ extra

1 Freilandei, verquirlt

1 Den Rohschinken oder den Speck fein würfeln, die Zwiebel fein hacken, die Knoblauchzehe durchpressen, alles in einer beschichteten Pfanne ohne Fett kräftig anbraten, auf einem Teller auskühlen lassen.

2 Das Mehl und den Rosmarin in einer Schüssel mischen, in die Mitte eine Mulde drücken. Die Hefe mit dem Honig und einigen Esslöffeln warmem Wasser anrühren, in die Mulde gießen und mit etwas Mehl zu einem dünnflüssigen Brei verrühren. Die Schüssel mit einem Tuch bedecken, den Vorteig bei Zimmertemperatur etwa 15 Minuten gehen lassen.

3 Restliches Wasser, Speckgemisch, Salz, Oliven und Olivenöl dazugeben, alles zu einem glatten Teig kneten. Die Schüssel mit einem Tuch bedecken, den Teig bei Zimmertemperatur etwa 30 Minuten gehen lassen, bis er das doppelte Volumen hat.

4 Den Teig in 4 Portionen teilen. Baguettes formen und diese auf ein mit Backpapier belegtes Blech legen, mit dem Ei bestreichen. Im unteren Drittel in den kalten Ofen schieben, etwa 20 Minuten gehen lassen. Den Ofen auf 220 °C einstellen. Die Baguettes etwa 25 Minuten backen, bis sie goldbraun sind. Herausnehmen, etwas abkühlen lassen und möglichst lauwarm servieren.

Baguette mit provenzalischer Kräuterbutter überbacken

für 3 Baguettes von ca. 30 cm Länge

Baguetteteig
500 g Weißmehl/Mehl Typ 405
2 TL Meersalz
1 Päckchen Trockenhefe
1 TL Zucker
3 dl/300 ml lauwarmes Wasser
wenig Milch, zum Bepinseln

Provenzalische Kräuterbutter
150 g weiche Butter
1/2 TL Meersalz
1 Eigelb von einem Freilandei
2 EL geriebener Parmesan
2 TL Mehl
3/4 TL Backpulver
1 TL Provencekräuter
1 Bund Schnittlauch
1 Bund Petersilie
10 Umdrehungen schwarzer Pfeffer aus der Mühle
6–12 Knoblauchzehen

1 Für den Teig alle Zutaten in eine Schüssel geben und zu einem glatten Teig kneten. Die Schüssel mit einem Tuch bedecken, den Teig bei Zimmertemperatur auf das doppelte Volumen aufgehen lassen.

2 Den Teig zusammendrücken und in 3 Portionen teilen, Kugeln formen. Die Teigkugeln auf der unbemehlten Arbeitsfläche mit der Hand flach drücken, aufrollen, 30 cm lange Rollen formen, auf ein mit Backpapier belegtes Blech legen. Die Baguettes mit einem Tuch bedecken und weitere 30 Minuten gehen lassen.

3 Den Backofen auf 240 °C vorheizen. Eine feuerfeste Form auf den Boden des Backofens stellen und mit kochendem Wasser füllen.

4 Die Baguettes mit Milch bestreichen, mit einem Messer mehrmals schräg einschneiden, auf der mittleren Schiene in den Ofen schieben. Baguettes rund 30 Minuten backen, bis sie goldgelb sind.

5 Den Backofen auf 250 °C aufheizen.

6 Für die provenzalische Kräuterbutter die weiche Butter mit dem Salz gut schaumig schlagen, bis sie hell und luftig ist. Eigelb, Parmesan, Mehl, Backpulver und Provencekrauter unterrühren. Den Schnittlauch fein schneiden, die Petersilie fein hacken, unter die Butter rühren. Die Knoblauchzehen dazupressen, gut verrühren. Mit Pfeffer abschmecken.

7 Die Baguettes der Länge nach halbieren, dick mit der Provencebutter bestreichen. In der Mitte des auf 250 °C vorgeheizten Ofens goldbraun überbacken.

Geeiste Sonnensuppe mit Rosmarin und Thymian

3 EL Olivenöl nativ extra
1 Zwiebel
2 Knoblauchzehen
3 gelbe Peperoni/Paprikaschoten, ca. 500 g
1–2 Zucchini, ca. 150 g
1 Aubergine, ca. 250 g
$^1/_2$ l Gemüsebrühe
1 EL Rosmarinnadeln oder
2 TL getrockneter Rosmarin
1 TL Thymianblättchen oder
$^2/_3$ TL getrockneter Thymian
150 g Crème fraîche
Meersalz
schwarzer Pfeffer, frisch gemahlen

1 Die Zwiebel und die Knoblauchzehen fein hacken. Die Peperoni halbieren, den Stielansatz und die Kerne entfernen, in grobe Stücke scheiden. Die Zucchini beidseitig kappen, in Scheiben schneiden. Die Aubergine beidseitig kappen, in Würfel schneiden.

2 Die Zwiebeln im Olivenöl andünsten, den Knoblauch und das Gemüse zufügen und mitdünsten, mit der Gemüsebrühe aufgießen. Die Kräuter zugeben, aufkochen, bei kleiner Hitze etwa 10 Minuten köcheln lassen, bis das Gemüse gar ist. Die Suppe fein pürieren, durch ein Spitzsieb passieren.

3 Die Sonnensuppe je nach gewünschter Konsistenz mit etwas Wasser verdünnen, die Crème fraîche unterrühren, mit Salz und Pfeffer abschmecken. Mindestens 2 Stunden kalt stellen.

4 In geeisten Suppentassen oder -tellern (für zirka 15 Minuten in den Tiefkühler stellen) servieren.

Grüne Bohnen-Rondini-Suppe in der Fruchtschale

4 Rondes de Nice
(Rondini/Sommerkürbis)

2 EL Olivenöl nativ extra
1 Zwiebel
2 Knoblauchzehen
300 g grüne Bohnen
1/2 l Gemüsebrühe
100 g Crème fraîche/saure Sahne
2 TL fein gehacktes Bohnenkraut
oder
1 TL getrocknetes Bohnenkraut
Meersalz
schwarzer Pfeffer, frisch gemahlen

4 Zweiglein Bohnenkraut,
für die Garnitur

1 Von den Rondes de Nice einen Deckel abschneiden, bis auf eine Wandstärke von etwa 1 cm vorsichtig aushöhlen und zugedeckt beiseite stellen. Die Bohnen putzen und klein schneiden. Die Zwiebel fein hacken.

2 Das ausgehöhlte Fruchtfleisch mit den Zwiebeln und dem Knoblauch im Olivenöl andünsten, Gemüsebrühe aufgießen. Die Bohnen zufügen, aufkochen, die Suppe bei kleiner Hitze rund 10 Minuten köcheln lassen, bis die Bohnen gar sind. Die Crème fraîche und das Bohnenkraut zugeben. Die Suppe fein pürieren, durch ein Spitzsieb passieren.

3 Die Suppe aufkochen, je nach Konsistenz mit Wasser oder Gemüsebrühe verdünnen, mit Salz und Pfeffer abschmecken.

4 Die heiße Suppe in die ausgehöhlten Rondes de Nice füllen. Mit einem Zweig Bohnenkraut garnieren.

Lavendel-Vichyssoise mit Crème fraîche

2 EL Butter
350 g Lauch, nur weiße Teile
1 EL frische oder getrocknete Lavendelblüten
300 g mehlig kochende Kartoffeln
7 dl/700 ml Gemüsebrühe
200 g Crème fraîche/saure Sahne
Meersalz
schwarzer Pfeffer, frisch gemahlen

1 Den Lauch putzen und der Länge nach halbieren, in feine Streifen schneiden. Die Kartoffeln schälen und in Würfel schneiden.

2 Die Butter in einer Pfanne erwärmen, den Lauch und den Lavendel darin andünsten, die Kartoffeln beifügen, mit der Gemüsebrühe aufgießen, aufkochen, bei kleiner Hitze rund 20 Minuten köcheln lassen, bis die Kartoffeln gar sind. Die Suppe fein pürieren und durch ein Spitzsieb passieren. 2/3 der Crème fraîche unterrühren, auskühlen lassen. Mindestens 2 Stunden kühl stellen. Mit Salz und Pfeffer abschmecken.

3 Die Suppe in geeisten Suppenschalen oder Suppentellern (für 15 Minuten in den Tiefkühler stellen) anrichten. Mit der restlichen Crème fraîche garnieren.

Leichtes Fèves-Süppchen mit Bohnenkraut und Speck

1 EL Olivenöl nativ extra
4 Scheiben durchwachsener Speck

2 Schalotten
3 dl/300 ml Gemüsebrühe
1,8 dl/180 g Halbrahm/süße Sahne
800 g ausgelöste frische Fèves, entspricht ca. 3 kg Bohnenschoten
2 TL fein gehackes Bohnenkraut oder 1 1/2 TL getrocknetes Bohnenkraut
Meersalz
schwarzer Pfeffer, frisch gemahlen

4 Zweiglein Bohnenkraut, für die Garnitur

1 Die Speckscheiben im Olivenöl knusprig braten, herausnehmen und auf Küchenpapier abtropfen lassen.

2 Die Schalotten fein hacken, in der Speckpfanne andünsten, mit der Gemüsebrühe und dem Halbrahm aufgießen, die Fèves und das Bohnenkraut beifügen, aufkochen und rund 10 Minuten bei mittlerer Hitze kochen lassen, bis die Bohnen weich sind. Etwa 4 Esslöffel Bohnenkerne für die Einlage entnehmen und beiseite stellen. Die Suppe fein pürieren und durch ein Spitzsieb streichen.

3 Die Fèves auf die Suppenteller verteilen. Die Suppe aufkochen, je nach Konsistenz mit Gemüsebrühe verdünnen, mit Salz und Pfeffer abschmecken, anrichten. Mit den gebratenen Speckscheiben und den Bohnenkrautzweiglein garnieren.

Fèves Geschälter grüner Kern der dicken Bohne, auch Acker-, Puff- oder Saubohne genannt. Die Schoten sind dick und von zartgrüner Farbe. In Südeuropa werden sie im Frühjahr als erste Bohnen geerntet. Auch als Konserve und tiefgefroren erhältlich.

Kürbis-Camembert-Suppe mit Thymianzweigen

2 EL Olivenöl nativ extra
800 g Kürbisfleisch,
z. B. Muskat- oder Moschuskürbis
(ca. 1 kg Kürbis mit Schale)
1 Zwiebel
1 Knoblauchzehe
2 Thymianzweige
6 dl/600 ml Gemüsebrühe
1,8 dl/180 g Halbrahm/süße Sahne
150 g Camembert, fein gewürfelt
Meersalz
schwarzer Pfeffer, frisch gemahlen
1 Prise Muskatnuss

4 Thymianzweiglein, für die Garnitur

1 Das Kürbisfleisch entkernen und in kleine Stücke schneiden. Die Zwiebel fein hacken. Den Knoblauch durchpressen.

2 Kürbis, Zwiebeln und durchgepressten Knoblauch im Olivenöl andünsten. Die Thymianzweige zugeben. Mit der Gemüsebrühe aufgießen, aufkochen, bei kleiner Hitze etwa 20 Minuten köcheln lassen, bis der Kürbis gar ist. Die Thymianzweige entfernen. Die Suppe fein pürieren.

3 Die Suppe aufkochen, den flaumig geschlagenen Rahm und den Camembert unterrühren. Mit Salz, Pfeffer und Muskat kräftig abschmecken, anrichten. Mit den Thymianzweiglein garnieren.

Gestürzte Cherrytomaten-Kräuter-Tarte mit Basilikum

++

für eine Form von 24 cm Durchmesser

Kräuterpaste
4 EL gehackte Petersilie
4 EL gehacktes Basilikum
2 EL Provencekräuter
4 EL Olivenöl nativ extra
1/2 TL Meersalz
schwarzer Pfeffer, frisch gemahlen

230 g Butterblätterteig
1 kg Cherrytomaten
1 Hand voll Basilikumblättchen, für die Garnitur

1 Für die Kräuterpaste sämtliche Kräuter zusammen mit dem Olivenöl im Cutter oder Mixerglas zu einer feinen Paste verarbeiten, mit Salz und Pfeffer würzen, beiseite stellen.

2 Den Butterblätterteig zu einer Rondelle von etwa 30 cm Durchmesser ausrollen. Die Backform exakt in die Mitte stellen. Der Kante entlang mit einer Gabel rundum Markierungen einstechen. Das Blech entfernen, den Teig der markierten Kante entlang einschlagen, den Rand festdrücken, die Teigrondelle wenden, auf eine Unterlage legen. Mit einer Gabel einige Male einstechen, mit der Kräuterpaste bestreichen. Kühl stellen.

3 Den Backofen auf 220 °C vorheizen. Die Backform einbuttern.

4 Bei den Cherrytomaten mit einem spitzen Messer den Stielansatz kreisförmig herauslösen. Die Tomaten mit der Rundung nach unten in die Form legen, den Teig mit der Kräuterseite nach unten darauf legen.

5 Die Tarte im oberen Drittel des auf 220 °C vorgeheizten Ofens rund 15 Minuten backen. Herausnehmen. Eine Kuchenplatte auf die Backform legen, die Tarte darauf stürzen, mit Basilikumblättchen garnieren und sofort servieren.

Kräuter-Couscous mit Oliven und Artischocken

8 mittelgroße Artischocken, ca. 1 kg, geputzt
1 Zitrone

4 EL Olivenöl nativ extra
2 kleine rote Zwiebeln
2 Knoblauchzehen
6 Stängel Stangensellerie
ca. 1,2 l Gemüsebrühe
2 TL Thymianblättchen oder
1 1/2 TL getrockneter Thymian
2 EL fein gehackte Rosmarinnadeln oder
1 1/2 TL getrockneter Rosmarin
350 g Couscous, mittelfein
100 g schwarze Oliven
schwarzer Pfeffer, frisch gemahlen

1 Einen großen Topf Salzwasser aufkochen. Die Zitrone halbieren, den Saft auspressen, zusammen mit den Zitronenschalen ins Salzwasser geben. Die Artischocken längs halbieren, im Salzwasser 20 Minuten bei kleiner Hitze garen, bis sie knapp weich sind.

2 Die Zwiebeln längs halbieren und quer in 8 Scheiben schneiden. Den Stangensellerie in feine Scheiben schneiden. Die Knoblauchzehen hacken.

3 Zwiebeln, Knoblauch und Stangensellerie im Olivenöl etwa 2 Minuten dünsten. Mit der Gemüsebrühe aufgießen, die Kräuter beifügen, Couscous einrieseln lassen. Auf der ausgeschalteten Wärmequelle zugedeckt rund 7 Minuten quellen lassen.

4 Couscous mit zwei Gabeln lockern, die Oliven untermischen, mit Pfeffer abschmecken.

5 Couscous in Suppentellern anrichten. Die Artischocken dazu legen.

++

Kalter Ratatouille-Kuchen mit Kräuter-Vinaigrette

für 1 Springform von 20 cm Durchmesser

für 4 bis 6 Personen als Vorspeise oder Beilage

Ratatouille-Torte
600 g kleine Zucchini
Olivenöl nativ extra,
zum Braten und Bepinseln
Meersalz
schwarzer Pfeffer, frisch gemahlen
Provencekräuter
je 4 mittelgroße gelbe, orange und rote Peperoni/Paprikaschoten
2 Auberginen, ca. 600 g
1 Zwiebel
1 Knoblauchzehe

Kräuter-Vinaigrette
2 EL Rotweinessig
4 EL Olivenöl nativ extra
Meersalz
Pfeffer, frisch gemahlen
4 EL Kapern
1/2 EL Thymianblättchen oder
1/2 TL getrockneter Thymian
3 EL fein gehackte glattblättrige Petersilie

aufwendig

1 Die Zucchini beidseitig kappen, in etwa 3 mm dünne Scheiben schneiden, portionsweise in wenig Olivenöl kurz braten. Mit Salz, Pfeffer und einer Prise Provencekräutern würzen, von der Wärmequelle nehmen, etwas auskühlen lassen, kreisförmig in die Springform schichten.

2 Den Backofen auf 250 °C vorheizen.

3 Die Peperoni mit Olivenöl bepinseln, auf ein mit Backpapier belegtes Blech legen und in der Mitte des vorgeheizten Ofens ca. 10 Minuten bräunen. Kurz in ein feuchtes Tuch einwickeln, die Haut abziehen. Die Früchte vierteln und entkernen, den Stielansatz entfernen, mit Salz und Pfeffer würzen, in die Springform schichten.

4 Die Auberginen beidseitig kappen, quer in 5 mm dicke Scheiben schneiden, auf ein mit Backpapier belegtes Blech legen, dünn mit Olivenöl bepinseln. Mit Salz, Pfeffer und einer großen Prise Provencekräutern würzen. Die Zwiebel fein hacken, die Knoblauchzehe in feine Scheiben schneiden, auf die Auberginenscheiben verteilen. In der Mitte des vorgeheizten Ofens bei 220 °C ca. 10 Minuten backen, herausnehmen, etwas auskühlen lassen und in die Springform schichten.

5 Die Springform in ein großes Kuchenblech stellen. Einen passenden Teller auf das Gemüse legen und beschweren, z. B. mit einem großen Einmachglas. Mindestens 12 Stunden kühl stellen.

6 Für die Vinaigrette den Essig und das Öl gut verrühren, mit Salz und Pfeffer abschmecken, die restlichen Zutaten beifügen. 30 Minuten ziehen lassen.

7 Zum Servieren den Ratatouille-Kuchen auf eine Kuchenplatte stürzen und mit einem Elektro-Messer oder einem Sägemesser in Stücke schneiden. Die Vinaigrette separat dazu reichen.

Tipp Dieser Gemüse-Kuchen ist ohne Vinaigrette eine erfrischende Beilage zu Fisch und Fleisch.

Lorbeer-Fächerkartoffeln auf Peperoni-Auberginen-Gemüse

Lorbeerkartoffeln
12 mittelgroße fest kochende Kartoffeln
36 frische Lorbeerblätter
4 EL Olivenöl nativ extra
Meersalz
3 EL fein geriebener Greyerzer Käse

Peperoni-Auberginen-Gemüse
4 EL Olivenöl nativ extra
1 rote Zwiebel
4 Knoblauchzehen
je 1 große rote und gelbe Peperoni/Paprikaschote
1 Aubergine, ca. 300 g
1 roter Peperoncino/Chilischote
2 EL Weißweinessig
2 TL Honig
1 EL Thymianblättchen oder
2 TL getrockneter Thymian
Meersalz

in Schale 10 Min. kochen, pellen, dann wie unten

1 Den Backofen auf 180 °C vorheizen.

2 Die Kartoffeln schälen und fächerartig einschneiden, so dass sie unten noch zusammenhalten. Mit den Einschnitten nach oben in eine ofenfeste Form setzen. In je 3 Einschnitte ein Lorbeerblatt stecken. Die Kartoffeln mit Olivenöl beträufeln, mit Salz würzen.

3 Die Kartoffeln in der Mitte des auf 180 °C vorgeheizten Ofens ca. 40 Minuten backen. Den Greyerzer Käse darüber streuen, weitere 10 Minuten backen.

4 Für das Gemüse die Peperoni mit einem Sparschäler schälen, halbieren und entkernen, in kleine Würfel schneiden. Die Aubergine beidseitig kappen, in kleine Würfel schneiden. Die Zwiebel grob hacken, die Knoblauchzehen in feine Scheiben schneiden. Peperoncino in feine Ringe schneiden.

5 Zwiebeln, Knoblauch, Peperoni und Auberginen sowie Peperoncini im heißem Olivenöl etwa 5 Minuten rührbraten, bis das Gemüse knapp weich ist. Mit Honig, Essig, Thymian und Salz abschmecken.

Tipps Kartoffeln mit frischen oder getrockneten Thymianblättchen zubereiten. Dazu die Kartoffeln 40 Minuten ohne Gewürz backen. Dann 1½ Esslöffel Thymianblättchen oder 1 Esslöffel getrockneten Thymian und den Greyerzer Käse darüber streuen und in 10 Minuten fertig backen. Die Kartoffeln können im Ofen bei 80 °C problemlos bis zu 30 Minuten warm gestellt werden. Das Peperoni-Auberginen-Gemüse schmeckt auch kalt oder lauwarm hervorragend.

Artischocken-Fladen mit Rosmarin und sonnengetrockneten Tomaten

für einen Fladen von 30 cm Durchmesser

oder kl. Springform Ø 20 cm, Rand mit Teig hochziehen

230 g Butterblätterteig
80 g Rahm-/Sahnequark
80 g Crème fraîche/saure Sahne
1 EL fein gehackte Rosmarinnadeln
oder
3/4 EL getrockneter Rosmarin,
grob zerdrückt
1/3 TL Meersalz
schwarzer Pfeffer, frisch gemahlen
1) 50 g sonnengetrocknete Tomaten,
in Olivenöl eingelegt, abgetropft
1 rote Zwiebel
1 Glas Artischockenherzen, in Olivenöl
eingelegt, ca. 180 g abgetropfte Herzen
12 schwarze Oliven

1 Den Butterblätterteig zu einer Rondelle von etwa 30 cm Durchmesser ausrollen. In das Blech legen. Die Teigränder 2 cm breit nach unten einschlagen, etwas andrücken, den Teig mit einer Gabel mehrmals einstechen.

2 Den Backofen auf 200 °C vorheizen.

3 Rahmquark, Crème fraîche und Rosmarin verrühren, mit Salz und Pfeffer würzen. Die Crème bis auf einen ca. 1 cm breiten Rand auf dem Teig verstreichen.

4 Die getrockneten Tomaten in feine Streifen und die Zwiebel in feine Scheiben schneiden. Die Artischocken vierteln. Alles zusammen mit den Oliven auf dem Teig verteilen.

5 Den Fladen auf der untersten Schiene des auf 200 °C vorgeheizten Ofens rund 25 Minuten backen, herausnehmen und sofort servieren.

1) auch mit Pesto Rosso

Im Ofen gedünsteter Red Snapper mit Thymian und Zitrusfrüchten

4 Red Snapper, je ca. 500 g
3 unbehandelte Orangen
3 unbehandelte Zitronen

Marinade
6 EL Olivenöl nativ extra
3 EL Orangensaft
2 EL Zitronensaft
2 EL Thymianblättchen oder
3 EL getrockneter Thymian
4 TL Fenchelsamen
1 roter Peperoncino/Chilischote, entkernt
und fein gehackt
2 TL Meersalz

Sauce
Fond aus dem Blech
200 g Crème fraîche/saure Sahne
schwarzer Pfeffer, frisch gemahlen

1 Die Fische innen und außen gründlich unter kaltem Wasser abspülen, mit Küchenpapier trocknen.

2 Die Orangen und die Zitronen warm waschen und in dünne Scheiben schneiden, entkernen. Zwei Drittel der Scheiben in ein tiefes Backblech verteilen, die Fische darauf legen.

3 Alle Zutaten für die Marinade miteinander verrühren, die Fische damit innen und außen bepinseln. Mit den restlichen Orangen- und Zitronenscheiben bedecken. Bei Zimmertemperatur rund 30 Minuten marinieren.

4 Den Backofen auf 200 °C vorheizen.

5 Die Fische in der Mitte des auf 200 °C vorgeheizten Ofens rund 30 Minuten dünsten. Zusammen mit einigen Zitrusfruchtscheiben auf Tellern anrichten.

6 Für die Sauce den Fond des Backbleches absieben, mit Crème fraîche verrühren und mit Salz und Pfeffer abschmecken. Zu den Fischen servieren.

Tipps Für diese Zubereitungsart eignen sich auch hervorragend Goldbrassen oder Sackbrassen (auf Foto abgebildet). Mit Reis, frisch aufgebackener Baguette oder Rosmarinkartoffeln servieren.

Lachsfilet auf Fenchel mit rosa Pfeffer und Oliven

+++

2 EL Olivenöl nativ extra
1 mittelgroße Lauchstange
3–4 Fenchel, ca. 600 g
1 dl/100 ml trockener Weißwein
4 dl/400 ml Fischfond
1 Msp Safranfäden
1 TL Fenchelsamen
1 EL rosa Pfefferbeeren
1 EL Pernod
100 g kleine schwarze Oliven
Meersalz
4 Scheiben Lachs, je ca. 180 g, ohne Haut und Gräten

Fenchelgrün, für die Garnitur

1 Den Lauch putzen, längs aufschneiden und in feine Streifen schneiden. Den Fenchel putzen und quer in Scheiben schneiden.

2 Den Lauch und den Fenchel in einer weiten Pfanne andünsten, den Weißwein angießen, mit dem Fischfond auffüllen, aufkochen. Safranfäden, Fenchelsamen, Pfefferbeeren, Pernod und Oliven zugeben, mit Salz abschmecken.

3 Die Lachsscheiben mit Salz und Pfeffer würzen, in den Fond legen, zugedeckt bei kleinster Hitze 4 bis 5 Minuten pochieren.

4 Die Lachsscheiben zusammen mit dem Gemüse anrichten. Mit dem Fenchelgrün garnieren.

Tipp Mit Baguette oder im Dampf gegarten Kartoffeln servieren.

Crêpes mit Thunfisch-Bohnen-Füllung

Crêpeteig
200 g Mehl
1/3 TL Meersalz
3,5 dl/350 ml Milch
2 Freilandeier
4 EL Olivenöl nativ extra
1 EL fein gehacktes Bohnenkraut oder
2 TL getrocknetes Bohnenkraut

3 EL Bratbutter/Butterschmalz

Füllung
2 EL Olivenöl nativ extra
1 Bund Frühlingszwiebeln
1 dl/100 ml trockener Weißwein
600 g Coco-Bohnen (breite Bohnen)
400 g Thunfisch naturell aus der Dose, abgetropft
2 kleine Knoblauchzehen
Meersalz
schwarzer Pfeffer, frisch gemahlen

einige Zweiglein Bohnenkraut, für die Garnitur

1 Für die Crêpes Mehl, Salz und die Hälfte der Milch in einer Schüssel glatt rühren. Zuerst die Eier, dann die restliche Milch und das Olivenöl unterrühren. Die Kräuter beifügen. 30 Minuten ruhen lassen.

2 Für die Füllung die Bohnen putzen und quer in 3 Stücke schneiden, im Dampf knackig garen. Die Röhrchen der Frühlingszwiebeln in feine Ringe, die Zwiebeln in feine Scheiben schneiden.

3 Zwiebelgrün und Zwiebeln im Olivenöl andünsten, den Weißwein angießen, die Bohnen beifügen, kurz köcheln lassen. Den grob zerpflückten Thunfisch beifügen, mit durchgepresstem Knoblauch, Salz und Pfeffer würzen. Warm stellen.

4 In einer großen beschichteten Bratpfanne immer wieder etwas Butter zerlassen, 4 große Crêpes ausbacken.

5 Die Crêpes auf vorgewärmte Teller legen, mit dem Bohnen-Thunfisch-Ragout füllen, einmal überklappen. Mit dem Bohnenkraut garnieren. Sofort servieren.

Gefüllte Miesmuscheln an provenzalischer Knoblauchsauce

2 kg große Miesmuscheln
3 dl/300 ml trockener Weißwein
1 Lorbeerblatt

Sauce
4 EL Olivenöl nativ extra
1 kleine Zwiebel
6 Knoblauchzehen
6 Scheiben Toastbrot
1 EL Tomatenpüree
1 EL Thymianblättchen oder
2 TL getrockneter Thymian
200 g geschälte Tomaten aus dem Glas oder aus der Dose, abgetropft
1/2 unbehandelte Zitrone, abgeriebene Schale
schwarzer Pfeffer, frisch gemahlen

1 Sandige Muscheln mit einer kleinen Bürste unter fließendem kaltem Wasser bürsten und den Bart mit einem kleinen Ruck abreißen. Bereits geöffnete Muscheln aussortieren.

2 Den Weißwein mit dem Lorbeerblatt in einem großen Topf aufkochen. Die Muscheln zugeben und zugedeckt bei großer Hitze ca. 7 Minuten garen. Dabei ab und zu den Topf kräftig rütteln. Den Topf von der Wärmequelle nehmen, den Sud durch ein feines Sieb gießen, 3 dl/300 ml Flüssigkeit abmessen und beiseite stellen. Das Muschelfleisch auslösen.

3 Jeweils 2 bis 4 ausgelöste Muscheln in eine Schalenhälfte legen. In 4 ofenfeste Formen verteilen.

4 Den Backofen auf 220 °C vorheizen.

5 Für die Sauce die Zwiebel schälen und fein hacken. Das Toastbrot entrinden und würfeln. Von den Tomaten den Stielansatz entfernen, das Fruchtfleisch würfeln. Die Zwiebeln im Olivenöl andünsten, den Knoblauch dazupressen. Brot, Tomatenpüree und Muschelsud zufügen, etwa 5 Minuten köcheln lassen, fein pürieren. Tomaten, Thymian und Zitronenschale zufügen, mit Pfeffer abschmecken. Die Sauce über die Muscheln verteilen.

6 Die Muscheln im vorgeheizten Ofen etwa 5 Minuten nur heiß werden lassen, sofort servieren.

Tipp Mit frischem Weißbrot oder frischer Baguette servieren.

Gebackenes Muschelragout mit Orangenfilets und Olivenöl

++

für 2 Personen als kleine Mahlzeit
für 4 Personen als Vorspeise

2 Stängel Stangensellerie
300 g gemischtes, rohes Muschelfleisch oder nur eine Sorte, z. B. Jakobsmuscheln, Miesmuscheln, Venusmuscheln
8 schöne Jakobsmuschel-Schalen
2 unbehandelte Orangen
4 EL Olivenöl nativ extra
Meersalz
1 1/2 TL Thymianblättchen oder
1 TL getrockneter Thymian
1 TL rosa Pfefferbeeren
Algen (beim Fischhändler vorbestellen) oder grobes Meersalz,
zum Anrichten

1 Den Backofen auf 200 °C vorheizen.

2 Die Selleriestängel schräg in feine Scheiben schneiden und in vier Muschelschalen verteilen.

3 Das Muschelfleisch von den Sehnen und Bärten befreien. Sehr große Muscheln eventuell halbieren. Bei den Jakobsmuscheln das Corail mitverwenden.

4 Von einer Orange mit dem Sparschäler dünne Streifen abschälen, in Längsrichtung in feine Streifen schneiden. Die Orangen mit einem Messer großzügig schälen, inklusive der weißen Haut, die Fruchtsegmente aus den Häutchen herausschneiden.

5 Muscheln, Orangenfilets und Orangenstreifen auf dem Sellerie anrichten. Mit dem Olivenöl beträufeln. Den Saft aus den verbliebenen Resten der Orange über den Muscheln ausdrücken. Mit Salz, Thymian und rosa Pfeffer würzen. Die Muschelschalen mit der zweiten Hälfte decken.

6 Die Muscheln im vorgeheizten Ofen bei 200 °C rund 15 Minuten backen.

7 Algen oder Meersalz auf vier Tellern als Häufchen anrichten, die Muscheln darauf setzen und sofort servieren.

Tipp Mit frischer Baguette servieren.

Geschmortes Rotwein-Poulet mit Feigen und grünen Oliven

1 Freilandpoulet/-huhn, vom Metzger in 4 oder 8 Teile portioniert
1/2 TL Meersalz
schwarzer Pfeffer, frisch gemahlen
3 EL Olivenöl nativ extra
150 g Schalotten, grob geschnitten
1 EL grüne Korianderkörner, grob zerdrückt
1 TL schwarzer Pfeffer, grob zerdrückt
2 Lorbeerblätter
1 Flasche (7 dl/700 ml) guter Rotwein
2 EL Mais-/Speisestärke
4 EL kaltes Wasser
2 EL Lavendelhonig
100 g grüne Oliven, aus dem Glas, ohne Kerne
4–6 reife Feigen, halbiert

1 Die Geflügelstücke mit Salz und Pfeffer würzen. Im Olivenöl in einem großen Brattopf rundum kräftig anbraten. Die Schalotten zugeben, kurz mitbraten. Koriander, Pfeffer und Lorbeerblätter zugeben. Mit dem Rotwein aufgießen, aufkochen, bei kleiner Hitze zugedeckt ca. 1 Stunde schmoren lassen.

2 Die Geflügelstücke aus der Sauce nehmen und zugedeckt warm stellen.

3 Die Maisstärke mit dem Wasser anrühren, zum Rotweinfond geben, kurz aufkochen, durch ein feines Sieb passieren, in den Brattopf zurückgeben. Mit Honig, Salz und Pfeffer abschmecken, die Oliven und die Feigen zugeben, nochmals aufkochen und zugedeckt ca. 5 Minuten ziehen lassen.

4 Die Geflügelstücke anrichten, mit der Sauce umgießen. Mit den Feigen und den Oliven garnieren.

Tipp Zu diesem Gericht passen Kartoffelpüree oder frisches Weißbrot.

Zitronen-Poulet mit Rosmarin und Knoblauch

1 Freilandpoulet/-huhn, ca. 1,4 kg
1 TL Meersalz
schwarzer Pfeffer, frisch gemahlen
1 unbehandelte Zitrone, geviertelt
4 Zweiglein Rosmarin oder
2 EL getrockneter Rosmarin
4 ungeschälte Knoblauchzehen
2 EL Olivenöl nativ extra
1 EL fein gehackte Rosmarinnadeln
oder
2 TL getrockneter Rosmarin, zerdrückt

1 Das Poulet unter fließendem kaltem Wasser innen und außen gründlich waschen, mit Küchenpapier trocken tupfen, mit Salz und Pfeffer innen und außen gut einreiben.

2 Den Backofen auf 200 °C vorheizen.

3 Das Poulet mit Zitronenvierteln, Rosmarin und Knoblauchzehen füllen. Die Schenkel/Keulen mit Küchengarn zusammenbinden. Das Poulet großzügig mit Olivenöl einreiben und mit Rosmarin bestreuen.

4 Das Poulet mit der Brust nach oben in einen Schmortopf oder in ein Bratgeschirr legen, im unteren Drittel des auf 200 °C vorgeheizten Ofens ca. 1 Stunde braten. Zur Garprobe einen Schenkel mit einer Nadel anstechen: Der austretende Fleischsaft soll klar sein.

Tipp Dazu passen hervorragend die mit provenzalischer Kräuterbutter gratinierte Baguette, Seite 39, und Salat.

Koriander-Entenbrust mit Grapefruits und Basilikum

4 kleine Entenbrüste, je ca. 150 g
1/2 TL Meersalz
schwarzer Pfeffer, frisch gemahlen
1 EL grüne Korianderkörner, grob zerdrückt
1 EL Olivenöl nativ extra

Grapefruit-Sauce
1 EL Zucker
2,5 dl/250 ml Geflügelbrühe
2 unbehandelte rosa Grapefruits, davon 1 TL abgeriebene Schale und Saft
2 TL Lavendelhonig
ca. 4 TL Mais-/Speisestärke
2 EL kaltes Wasser
Meersalz
Pfeffer, frisch gemahlen
1 EL Olivenöl nativ extra

2 unbehandelte rosa Grapefruits, für die Garnitur
4 EL kleinblättriges Basilikum, für die Garnitur

1 Den Backofen auf 80 °C vorheizen.

2 Die Haut der Entenbrüste mit einem scharfen Messer rautenförmig einschneiden, ohne in das Fleisch zu schneiden. Die Entenbrüste mit Salz, Pfeffer und Koriander würzen und mit Olivenöl einpinseln. Mit der Hautseite nach unten in eine kalte, beschichtete Bratpfanne legen, die Haut bei mittlerer Hitze braun braten. Die Entenbrüste wenden und auf der Fleischseite ebenfalls braun braten. Herausnehmen, auf eine feuerfeste Platte geben. In der Mitte des auf 80 °C vorgeheizten Ofens etwa 30 Minuten gar ziehen lassen.

3 Für die Sauce den Zucker in einer Pfanne karamellisieren. Die Geflügelbrühe angießen und den Karamell unter Rühren auflösen. Grapefruitsaft, Grapefruitschalen und Honig unterrühren, bei kleiner Hitze auf 3 dl/300 ml einkochen lassen. Die Maisstärke mit dem Wasser anrühren, davon so viel zur Sauce geben und köcheln lassen, bis sie die richtige Konsistenz hat. Mit Salz und Pfeffer würzen, mit Olivenöl abschmecken.

4 Die Grapefruits für die Garnitur mit einem Messer großzügig schälen, auch die weißen Häutchen entfernen, die einzelnen Segemente aus den Trennhäutchen herausschneiden und beiseite stellen.

5 Auf vorgewärmte Teller mit der Sauce einen Spiegel gießen. Die Entenbrust in dünne Scheiben schneiden, zusammen mit den Fruchtfilets anrichten. Mit dem Basilikum garnieren.

Tipps Im Handel werden auch große, ca. 300 g schwere Entenbrüste angeboten; sie reichen für 2 Personen. Die Zubereitung bleibt sich gleich, jedoch verlängert sich die Bratzeit auf etwa 50 Minuten. Eine ideale Beilage ist mit fein geschnittenem Basilikum aromatisiertes Kartoffelpüree.

Kräuter-Schmetterlingspoulet mit Tomatensauce

1 Freilandpoulet/-huhn, ca. 1,4 kg
3 EL Olivenöl nativ extra
3/4 TL Meersalz
schwarzer Pfeffer, frisch gemahlen

Füllung
125 g Doppelrahmfrischkäse
1 EL Provencekräuter
1 Bund glattblättrige Petersilie, fein gehackt
2 Knoblauchzehen, durchgepresst

Sauce
500 g reife Tomaten
1 Zwiebel, fein gehackt
1 Knoblauchzehe, durchgepresst
1,5 dl/150 ml guter Rotwein

1 Das Poulet innen und außen unter kaltem Wasser abwaschen, mit Küchenpapier trocknen. Mit der Brust nach oben auf die Arbeitsfläche legen. Mit einer Geflügelschere oder einer robusten Haushaltsschere zuerst links am Rückenknochen entlang aufschneiden. Anschließend den Rückenknochen durch einen Schnitt rechts am Rückenknochen entlang entfernen. Das Poulet flach drücken und die Haut mit den Fingern etwas lösen.

2 Frischkäse, Kräuter und durchgepressten Knoblauch vermengen. Die Füllung gleichmässig unter der Haut verteilen.

3 Den Backofen auf 220 °C vorheizen.

4 Tomaten an der Spitze kreuzweise einschneiden, mit einem Schaumlöffel in kochendes Wasser tauchen, bis sich die Haut löst, in kaltem Wasser abschrecken. Die Haut abziehen, den Stielansatz kreisförmig herausschneiden, Tomatenfleisch würfeln.

5 Ein tiefes Blech mit etwas Olivenöl auspinseln. Tomaten, Zwiebeln, Knoblauch und Rotwein hineingeben. Das Poulet darauf legen, mit dem restlichen Olivenöl bepinseln und mit Salz und Pfeffer würzen.

6 Poulet in der Mitte des auf 220 °C vorgeheizten Ofens 30 bis 35 Minuten braten. Herausnehmen, auf einer Platte anrichten und nach Belieben mit frischen Kräutern garnieren.

7 Die Tomaten in eine Saucière umgießen, eventuell mit einer Gabel noch etwas zerdrücken, mit Salz und Pfeffer würzen. Zum Poulet servieren.

Tipp Das rustikale Gericht mit Kartoffeln oder frischem Brot servieren.

Anmerkung Obwohl der Schmetterlingsschnitt auf den ersten Blick etwas kompliziert anmutet, so hat er doch Vorteile. Durch die gleichmäßige Dicke reduziert sich die Bratzeit um die Hälfte.

Rosmarin-Mistkratzerli mit geschmorten Apfelperlen

4 rotbackige Äpfel,
z. B. Jonathan, ca. 700 g
2 TL Zitronensaft
2 EL Olivenöl nativ extra
2 Schalotten
2 dl/200 ml Apfelwein
4 Mistkratzerli/Stubenküken,
je ca. 500 g
4 Rosmarinzweige von
ca. 10 cm Länge oder
4 EL getrockneter Rosmarin
12 Scheiben durchwachsener Speck
200 g Crème fraîche/saure Sahne
Meersalz
schwarzer Pfeffer, frisch gemahlen
1 EL fein gehackte Rosmarinnadeln
oder
2 TL getrockneter Rosmarin, zerdrückt
2 EL Butter

1 Die Äpfel mit einem Kernausstecher entkernen. Mit einem Kugelausstecher 20 kirschgroße Perlen ausstechen, diese mit Zitronensaft beträufeln und zugedeckt beiseite stellen.

2 Ein tiefes Backblech mit Olivenöl auspinseln. Die restlichen Äpfel grob würfeln und zusammen mit den Schalotten und dem Apfelwein in das Backblech geben.

3 Mistkratzerli unter fließendem kaltem Wasser abwaschen, innen und außen mit Küchenpapier trocknen. Anschließend mit Salz und Pfeffer würzen. Mit den Rosmarinzweigen füllen.

4 Den Backofen auf 200 °C vorheizen.

5 Die Mistkratzerli mit der Brust nach oben auf die Äpfel legen, mit je 3 Speckscheiben belegen.

6 Die Mistkratzerli in der Mitte des vorgeheizten Ofens bei 200 °C etwa 45 Minuten braten.

7 Die Mistkratzerli aus dem Blech nehmen und warm stellen. Die Äpfel mit der Flüssigkeit fein pürieren, durch ein Sieb streichen, mit Crème fraîche mischen, mit Salz, Pfeffer und Rosmarin würzen.

8 Die Apfelperlen in der Butter knapp weich dünsten, zu den Mistkratzerli servieren.

Tipp Mit Kräuter-Couscous, Seite 50, servieren.

Provenzalischer Rindsbraten aus dem Ofen

für 6 Personen
das Fleisch am Vortag marinieren

1,2 kg Rindsbraten,
z. B. falsches Filet/falsche Lende

Marinade
1 kleine Lauchstange
1 Knoblauchzehe
2 Karotten
1/4 Knollensellerie
2 Tomaten
je 2 EL Rosmarinnadeln und Thymian oder
4 TL getrockneter Rosmarin und Thymian
1 EL frische oder getrocknete Lavendelblüten
1 Bund Petersilie
6 schwarze Pfefferkörner, zerdrückt
2 Lorbeerblätter
1 Flasche (7 dl/700 ml) guter Rotwein

1/2 TL Meersalz
2 EL Olivenöl nativ extra
1 EL Mais-/Speisestärke
2 EL kaltes Wasser
1 TL Honig
Meersalz
Pfeffer, frisch gemahlen
3 EL kalte Butterstückchen

1 Den Lauch putzen und längs aufschneiden, in Streifen schneiden. Die Knoblauchzehe fein hacken. Die Karotten und den Sellerie schälen und klein würfeln. Die Tomaten an der Spitze kreuzweise einschneiden, mit einem Schaumlöffel in kochendes Wasser tauchen, bis sich die Haut löst, unter kaltem Wasser abschrecken. Die Früchte schälen, den Stielansatz entfernen, das Fruchtfleisch würfeln.

2 Den Braten in eine große Schüssel legen. Sämtliche Zutaten darüber verteilen, mit dem Rotwein aufgießen. Im Kühlschrank zugedeckt 12 bis 24 Stunden marinieren. Das Fleisch dabei einmal wenden.

3 Den Backofen auf 160 °C vorheizen.

4 Das Fleisch aus der Marinade nehmen, mit Küchenkrepp trocken tupfen, mit Salz würzen. Das Olivenöl in einem Brattopf erhitzen, das Fleisch darin rundum kräftig anbraten, das Gemüse mit der Marinade dazugeben, aufkochen. Den Braten zugedeckt in der Mitte des auf 160 °C vorgeheizten Ofens einschieben, etwa 90 Minuten schmoren.

5 Den Braten aus dem Rotweinfond nehmen, in Alufolie einwickeln und warm stellen.

6 Den Rotweinfond in eine Pfanne absieben, auf etwa einen halben Liter einkochen lassen. Die Maisstärke mit dem kalten Wasser verrühren, unter die Sauce rühren, kurz köcheln lassen. Die Rotweinsauce mit Honig, Salz und Pfeffer abschmecken, die kalte Butter mit dem Schneebesen stückchenweise unterrühren.

7 Den Rindsbraten dünn aufschneiden, mit der Sauce servieren.

Tipp Zu diesem Gericht passen besonders gut die Lorbeer-Fächerkartoffeln, Seite 54.

Schweinskotelett im Mandel-Kräuter-Mantel mit Ratatouille

+ + +

auch Lammkoteletts

4 Schweinskoteletts, je ca. 200–250 g
1 TL Meersalz
schwarzer Pfeffer, frisch gemahlen
Olivenöl nativ extra, zum Anbraten
Kräuter für die Garnitur, z. B. Rosmarin, Salbei, Thymian

Mandel-Kräuter-Kruste
100 g geschälte, geriebene Mandeln
2 EL fein gehackte Rosmarinnadeln oder
4 TL getrockneter Rosmarin, fein zerdrückt
2 EL fein gehackte Salbeiblättchen oder
4 TL getrockneter Salbei, fein zerdrückt
2 EL fein gehackte Thymianblättchen oder
4 TL getrockneter Thymian

Ratatouille
1 rote Zwiebel
3 Knoblauchzehen
1 mittelgroßer gelber oder grüner Zucchino
1 kleine Aubergine
250 g Cherrytomaten
50 g kleine schwarze Oliven
1 TL Provencekräuter
Meersalz
schwarzer Pfeffer, frisch gemahlen

1 Den Backofen auf 200 °C vorheizen.

2 Alle Zutaten für die Mandel-Kräuter-Kruste mischen.

3 Für die Ratatouille die Zwiebel grob hacken. Die Knoblauchzehen in feine Scheiben schneiden. Den Zucchino beidseitig kappen, in etwa 1 cm große Würfel schneiden. Bei der Aubergine den Stielansatz abschneiden, Gemüse ungeschält in etwa 1 cm große Würfel schneiden. Die Cherrytomaten halbieren.

4 Den Fettrand der Koteletts mehrmals einschneiden, das Fleisch mit Salz würzen. In einer weiten Bratpfanne etwas Olivenöl erhitzen. Die Koteletts darin beidseitig rund 5 Minuten anbraten, auf ein Backblech oder eine feuerfeste Platte legen. Mit der Mandel-Kräuter-Mischung bestreuen. Im oberen Drittel des vorgeheizten Ofens bei 200 °C etwa 6 Minuten backen, herausnehmen, locker mit Alufolie bedecken und etwa 3 Minuten ruhen lassen.

5 Für die Ratatouille sämtliches Gemüse außer den Cherrytomaten und den Oliven in der Fleischpfanne etwa 5 Minuten rührbraten. Die Cherrytomaten und die Oliven zugeben, mit den Provencekräutern, Salz und Pfeffer abschmecken.

6 Die Koteletts mit dem Gemüse anrichten. Nach Belieben mit einem Kräutersträußchen garnieren.

Tipp Mit Kartoffeln servieren.

Kalbfleisch-Peperoni-Röllchen auf Bohnengemüse

4 gelbe Peperoni/Paprikaschoten
Olivenöl nativ extra, zum Bepinseln, Braten und Beträufeln
4 große, dünne Kalbsschnitzel, je ca. 150 g
1/2 TL Meersalz
schwarzer Pfeffer, frisch gemahlen
2 TL Provencekräuter
Bohnenkraut, für die Garnitur

Bohnengemüse
500 g grüne Bohnen
3 EL Olivenöl nativ extra
1 große Zwiebel
1 EL fein gehacktes Bohnenkraut oder
2 TL getrocknetes Bohnenkraut

Bohnenkraut, für die Garnitur

1 Den Backofen auf 250 °C vorheizen.

2 Die Peperoni mit Olivenöl bepinseln, auf ein mit Backpapier belegtes Blech legen und in der Mitte des vorgeheizten Ofens bei 250 °C rund 10 Minuten bräunen. Kurz in ein feuchtes Tuch einwickeln, die Haut abziehen, die Gemüsefrüchte vierteln, den Stielansatz und die Kerne entfernen.

3 Die Ofentemperatur bei geöffneter Tür auf 80 °C absinken lassen. Eine feuerfeste Platte und vier Teller warm stellen.

4 Die Schnitzel beidseitig mit Salz, Pfeffer und Provencekräutern würzen, ausbreiten. Die Peperoniviertel auf das Fleisch legen, aufrollen. Die Röllchen mit Zahnstochern fixieren. Im heißen Olivenöl rundum etwa 5 Minuten braten. Auf die vorgewärmte Platte legen und im Ofen ca. 25 Minuten gar ziehen lassen. Das Fleisch kann bei 60 °C ohne Qualitätsverlust weitere 20 Minuten warm gehalten werden.

5 Für das Gemüse die Bohnen putzen, quer halbieren oder dritteln und im Dampf bissfest garen. Die Zwiebel fein hacken, im Olivenöl andünsten, die Bohnen und das Bohnenkraut zugeben und kurz mitdünsten, mit Salz und Pfeffer abschmecken.

6 Die Zahnstocher aus den Kalbfleischröllchen entfernen, die Röllchen quer halbieren, auf dem Bohnengemüse anrichten, mit wenig Olivenöl beträufeln. Das Gericht mit Bohnenkraut garnieren und sofort servieren.

Tipp Dazu passen Kartoffeln.

Kaninchenfilet-Spießchen auf Rosmarin-Mais

Rosmarin-Mais
1 EL Olivenöl nativ extra
1 Zwiebel, fein gehackt
8 dl/800 ml Gemüsebrühe
1 EL fein gehackte Rosmarinnadeln
200 g feiner Maisgrieß
2 Freilandeier
3 EL Olivenöl nativ extra
200 g Maiskörner aus der Dose, abgetropft
100 g geriebener Greyerzer Käse

Spießchen
8 Kaninchenfilets
8 kräftige Rosmarinzweige
2 EL grobkörniger Senf
Olivenöl nativ extra, zum Braten
1/3 TL Meersalz

1 dl/100 ml guter Rotwein
2 dl/200 ml klare Bratensauce

1 Die Zwiebeln im Olivenöl andünsten, mit der Gemüsebrühe aufgießen, Rosmarin zugeben und aufkochen. Den Maisgrieß unter Rühren einrieseln lassen, nach Packungsbeschrieb kochen, von der Wärmequelle nehmen. Die Eier mit dem Olivenöl verquirlen, mit den Maiskörnern unter den Maisbrei rühren. Die Masse auf ein kalt abgespültes Backblech streichen und auskühlen lassen.

2 Den Backofen auf 200 °C vorheizen.

3 Den Maisgrieß mit dem Greyerzer Käse bestreuen. In der Mitte des vorgeheizten Ofens bei 200 °C ca. 20 Minuten backen.

4 Die Kaninchenfilets aufrollen, auf die Rosmarinzweige stecken, mit dem Senf einreiben. Die Spießchen im Olivenöl beidseitig rundum 5 Minuten braten, mit Salz würzen. Warm stellen.

5 Das überschüssige Öl in der Bratpfanne mit Haushaltspapier auftupfen. Den Bratensatz mit Rotwein auflösen, wenig einkochen lassen, mit der Bratensauce auffüllen und aufkochen.

6 Auf vorgewärmten Tellern mit der Sauce einen Spiegel giessen. Den Mais mit einem runden Ausstecher portionieren, zusammen mit den Fleischspießchen auf der Sauce anrichten.

Lammfilet auf Basilikum-Couscous

4 Lammfilets, je ca. 150 g
1/2 TL Meersalz
schwarzer Pfeffer, frisch gemahlen
1 TL Provencekräuter
Olivenöl nativ extra, zum Anbraten und Beträufeln

Basilikum-Couscous
3 EL Olivenöl nativ extra
1 Bund Frühlingszwiebeln
2 Knoblauchzehen
3 EL Tomatenpüree
2 dl/200 ml guter Rotwein
1/2 l kräftige Gemüsebrühe
300 g Couscous
3 Tomaten, geachtelt
50 g kleine grüne Oliven
3 EL fein gehacktes Basilikum oder
2 EL getrocknetes Basilikum
schwarzer Pfeffer, frisch gemahlen

Basilikum, für die Garnitur

1 Den Backofen auf 80 °C vorheizen. Eine Platte und vier Teller warm stellen.

2 Die Lammfilets mit Salz, Pfeffer und Provencekräutern würzen, im heißen Olivenöl rundum etwa 5 Minuten anbraten, auf die vorgewärmte Platte legen und im Ofen bei 80 °C etwa 40 Minuten gar ziehen lassen. Das Fleisch kann im 60 °C warmen Ofen bis zu 30 Minuten warm gehalten werden.

3 Für das Couscous das Zwiebelgrün in Ringe, die Zwiebeln und die Knoblauchzehen in feine Scheiben schneiden, alles im Olivenöl andünsten, das Tomatenpüree kurz mitdünsten. Mit dem Rotwein und der Gemüsebrühe aufgiessen, aufkochen. Das Couscous unter Rühren einrieseln lassen, nochmals aufkochen. Tomatenachtel und Oliven zugeben, die Wärmequelle ausschalten, Couscous zugedeckt etwa 5 Minuten quellen lassen. Mit Basilikum und Pfeffer abschmecken. Mit zwei Gabeln etwas lockern.

4 Lammfilets dünn aufschneiden, mit dem Couscous anrichten. Mit wenig Olivenöl beträufeln und mit Basilikumblättchen garnieren.

Rosmarin-Aprikosen-Tartelettes mit Streuseln

für 6 beschichtete Tartelette-Förmchen von 10 cm Durchmesser

2 EL weiche Butter, für die Förmchen
4 EL geriebene Haselnüsse, für die Förmchen

150 g Weißmehl/Mehl Typ 405
2 TL Backpulver
100 g Vollrohrzucker/Demerera
1 Päckchen Bourbon-Vanillezucker
1 Prise Meersalz
1 TL fein gehackte Rosmarinnadeln oder
2 TL getrockneter Rosmarin, fein zerdrückt
50 g geriebene Haselnüsse
1 Freilandei
180 g (1 Becher) Jogurt natur
2 EL Sonnenblumenöl
6 reife Aprikosen

Streusel
2 EL weiche Butter
2 EL Zucker
3 EL Weißmehl/Mehl Typ 405

1 Die Tartelette-Förmchen sorgfältig ausbuttern und mit den geriebenen Haselnüssen ausstreuen.

2 Mehl, Backpulver, Zucker, Vanillezucker, Salz, Rosmarin und Haselnüsse gut mischen. Ei, Jogurt und Öl zufügen und alles zu einem glatten Teig rühren.

3 Den Teig auf die vorbereiteten Förmchen verteilen. Die Aprikosen halbieren und entsteinen, den Stielansatz entfernen, in die Mitte der Tartelettes je 2 Aprikosenhälften übereinander in den Teig drücken.

4 Den Backofen auf 200 °C vorheizen.

5 Für die Streusel Butter, Zucker und Mehl locker mit den Fingern vermischen und krümeln, bis sich Streusel bilden. Diese über die Tartelettes verteilen.

6 Die Tartelettes im vorgeheizten Ofen bei 200 °C rund 20 Minuten backen.

Tipp Möglichst lauwarm servieren.

Varianten Den Teig in großen Muffinförmchen von 1,5 dl/150 ml Inhalt backen. Rosmarin durch die doppelte Menge frische oder getrocknete Lavendelblüten ersetzen.

Gekühlte Weinschaumcreme mit Lavendelaroma

für 4 Rotweingläser oder 8 kleine Kaffeetassen

2 EL frische oder getrocknete Lavendelblüten
1 dl/100 ml fruchtiger Rotwein
100 g Zucker
1 TL Mais-/Speisestärke
1 1/2 EL Randen-/Rote-Bete-Saft
4 Eigelb von Freilandeiern
2,5 dl/250 ml Halbrahm/süße Sahne

1 Die Lavendelblüten mit Rotwein und Zucker aufkochen, von der Wärmequelle nehmen, 20 Minuten ziehen lassen, absieben.

2 Ein schwach kochendes Wasserbad vorbereiten. Den aromatisierten Rotwein zusammen mit der mit dem Randensaft angerührten Maisstärke und dem Eigelb in einer feuerfesten Schüssel verrühren, die Schüssel ins Wasserbad stellen und die Flüssigkeit mit dem Schneebesen zu einem festen Schaum aufschlagen. Den Weinschaum sofort in eine kalte Schüssel umfüllen und auskühlen lassen.

3 Den Halbrahm steif schlagen, vorsichtig unter den ausgekühlten Weinschaum heben. Die Creme in Rotweingläser oder Tassen füllen, bis zum Servieren kühl stellen.

Fruchtige Zitronen-Tartelettes mit Thymian

ergibt 6 kleine Küchlein von ca. 10 cm Durchmesser

Mürbeteig
300 g Weißmehl/Mehl Typ 405
100 g Zucker
1 Prise Meersalz
100 g kalte Butterstückchen
1 Freilandei

3 EL weiche Butter für die Förmchen

Füllung
4 Freilandeier
140 g Zucker
170 g Halbfettquark/Quark 40% Fett
1 EL Mais-/Speisestärke
1 unbehandelte Zitrone, abgeriebene Schale und Saft
2 unbehandelte Zitronen, nur Saft
1 TL Thymianblättchen oder
3/4 TL getrockneter Thymian

1 Für den Mürbeteig Mehl, Zucker und Salz mischen, die Butterstückchen dazugeben, mit dem Mehlgemisch krümelig verreiben, das Ei beifügen, zu einem glatten Teig zusammenfügen, in Klarsichtfolie einwickeln, 30 Minuten kühl stellen.

2 Die Förmchen mit der Butter ausstreichen.

3 Den Teig in 6 Portionen teilen, auf Förmchengröße ausrollen, in die Förmchen legen, mit einer Gabel einige Male einstechen, 15 Minuten kühl stellen.

4 Den Backofen auf 180 °C vorheizen.

5 Für den Guss sämtliche Zutaten miteinander verrühren, auf die Förmchen verteilen, auf ein Backblech stellen.

6 Die Tartelettes im vorgeheizten Ofen auf der untersten Schiene einschieben, bei 180 °C rund 25 Minuten backen. Herausnehmen und auf einem Kuchengitter auskühlen lassen.

Gebratene Rosmarin-Apfelringe auf Vanille-Sauermilch

4 kleine Äpfel
2 EL Calvados

Teig
200 g Weißmehl/Mehl Typ 405
4 EL Zucker
4 TL fein gehackte Rosmarinnadeln oder
1 EL getrockneter Rosmarin, zerdrückt
2 TL Backpulver
2 Freilandeier
2 dl/200 ml Milch

Butter, zum Braten

1,8 dl/180 ml Sauermilch
1 Vanillestange, nur ausgekratztes Mark

4 Rosmarinzweiglein, für die Garnitur

1 Die Äpfel entkernen, d. h. das Kerngehäuse ausstechen, in knapp 1 cm dicke Scheiben schneiden. Die Apfelscheiben mit wenig Calvados beträufeln und kurz marinieren.

2 Für den Teig Mehl, Zucker, Rosmarin und Backpulver in einer Schüssel mischen. Eier und Milch zugeben, alles zu einem glatten Teig verrühren, etwa 10 Minuten ruhen lassen.

3 Die Butter in einer Bratpfanne bei mittlerer Hitze zerlaufen lassen. Die Apfelringe durch den Teig ziehen und in der Butter beidseitig langsam goldgelb braten. Herausnehmen und auf Küchenpapier kurz abtropfen lassen.

4 Die Sauermilch mit dem Vanillemark verrühren, auf Teller verteilen. Die Apfelringe darauf anrichten, mit den Rosmarinzweiglein garnieren.

Biskuit-Schmetterling mit Lavendel

Biskuitteig
2 Freilandeier
80 g Zucker
30 g flüssige, lauwarme Butter
40 g Mais-/Speisestärke
80 g Weißmehl/Mehl Typ 405
$1\frac{1}{2}$ EL frische oder getrocknete Lavendelblüten

2 EL Puderzucker
1 EL frische oder getrocknete Lavendelblüten, zum Bestreuen
1 Hand voll Beeren, für die Garnitur

1 Die Förmchen mit der weichen Butter ausstreichen, kühl stellen.

2 Den Backofen auf 160 °C vorheizen.

3 Die Eier trennen. Das Eiweiß steif schlagen, den Zucker langsam einrieseln lassen und weiter schlagen, bis die Masse glänzt und sich Spitzen bilden.

4 Das Eigelb mit der Butter luftig aufschlagen, zusammen mit der Maisstärke, dem Mehl und den Lavendelblüten unter das Eiweiß heben. Den Teig auf die Förmchen verteilen. Auf ein Backblech stellen.

5 Biskuit im vorgeheizten Ofen bei 160 °C etwa 12 Minuten backen. Herausnehmen, auf einem Kuchengitter auskühlen lassen.

6 Die Schmetterlinge mit Puderzucker bestäuben, mit Lavendelblüten bestreuen und nach Belieben mit Beeren garnieren.

Erdbeersorbet mit Thymian

$\frac{1}{2}$ dl/ 50 ml fruchtiger Rotwein
1 Zitrone, nur Saft
100 g Zucker
2 EL Thymianblättchen oder
4 TL getrockneter Thymian
500 g Erdbeeren
2 frische Eiweiß von Freilandeiern

4 Thymianzweiglein, für die Garnitur

1 Rotwein, Zitronensaft, Zucker und Thymian etwa 3 Minuten sirupartig einkochen lassen. Den Sirup durch ein sehr feines Sieb passieren und etwas abkühlen lassen.

2 Die Erdbeeren klein schneiden, zusammen mit dem Eiweiß und dem Sirup sehr fein pürieren.

3 Die Masse in das Tiefkühlgerät stellen und etwa alle 30 Minuten mit dem Schneebesen durchrühren, damit die Eiskristalle klein bleiben.

4 Sobald die Masse dickflüssig gefroren ist, in 4 Gläser füllen, mit Klarsichtfolie zudecken und durchfrieren lassen.

5 Die Gläser etwa 20 Minuten vor dem Servieren in den Kühlschrank stellen, damit das Sorbet antauen kann.

6 Zum Servieren jedes Glas mit einem Thymianzweiglein garnieren.

Rosmarin-Apfelsenf

ergibt ca. 700 g Senf

200 g weiße Senfkörner
100 g schwarze Senfkörner
1 TL schwarze Pfefferkörner
2,5 dl/250 ml Apfelwein
1 Apfel
1 EL fein gehackte Rosmarinnadeln
oder
2 TL getrockneter Rosmarin, zerkrümelt
2 dl/200 ml Apfelessig
100 g Vollrohrzucker
1 EL Meersalz

1 Die Senf- und Pfefferkörner im Mörser portionsweise fein zerstoßen. Den Apfelwein angießen, zudecken und etwa 4 Stunden quellen lassen.

2 Den Apfel schälen, auf der Bircherraffel zu den eingelegten Körnern reiben. Rosmarin, Apfelessig, Zucker und Salz unterrühren.

3 Das Ganze in den Kochtopf geben, aufkochen, bei schwacher Hitze langsam auf die gewünschte Konsistenz einköcheln lassen.

4 Apfelsenf kochendheiß in vorgewärmte Einmachgläser abfüllen, verschließen, mit einem Tuch bedecken und langsam auskühlen lassen.

Tipps Bei Lagerung an einem kühlen, dunklen Ort ist der Senf etwa 1 Jahr haltbar. Angebrochene Gläser im Kühlschrank aufbewahren. Zum Verschenken den Deckel mit einem Weinblatt verzieren. Dazu das Weinblatt zuerst mit einem Gummiring auf dem Deckel plazieren. Anschließend mit Bast festbinden und den Gummiring wieder entfernen.

Abbildung
links: Rosmarin-Apfelsenf
rechts: Pikante Honig-Auberginen, Rezept Seite 90

Pikant eingelegte Honig-Auberginen

ergibt 2 Einmachgläser von 1/2 Liter Inhalt

1 kg Auberginen
3,5 dl/350 ml Olivenöl nativ extra
1 rote Zwiebel, fein gehackt
4 Knoblauchzehen, in feinen Scheiben
4 rote Peperoncini/Chilischoten, entkernt, fein gehackt
je 1 EL Senfkörner, Fenchelsamen und Korianderkörner
4 Gewürznelken
4 Lorbeerblätter
150 g Honig, z. B. Lavendelhonig
5 EL Weißweinessig
4 TL Meersalz

1 Den Backofen auf 250 °C vorheizen.

2 Die Auberginen beidseitig kappen, in etwa 5 mm dicke Scheiben schneiden, auf ein mit Backpapier belegtes Blech legen. Die Scheiben dünn mit Olivenöl bepinseln. Im oberen Drittel des auf 250 °C vorgeheizten Ofens ca. 10 Minuten hellbraun backen.

3 Zwiebeln, Knoblauch, Peperoncini, Senfkörner, Fenchelsamen, Korianderkörner, Gewürznelken und Lorbeerblätter in wenig Olivenöl kurz andünsten.

4 Auberginenscheiben und Gewürzmischung abwechslungsweise in die Einmachgläser schichten.

5 Den Honig bei schwacher Hitze flüssig werden lassen, mit Essig, Salz und dem restlichen Olivenöl verrühren und über die Auberginen gießen.

6 Die Gläser mindestens 3 Wochen im Kühlschrank ziehen lassen. Die Auberginen sind ungefähr 3 Monate haltbar.

Wichtig Die Auberginen müssen vollständig mit Öl bedeckt sein – eventuell etwas mehr Olivenöl zugießen.

Abbildung Seite 89

Provenzalisch marinierte Oliven

für 2 Einmachgläser von 2,5 dl/250 ml Inhalt

1 unbehandelte Orange
300 g schwarze Oliven
1 EL Thymianblättchen oder
2 TL getrockneter Thymian
1,5 dl/150 ml Olivenöl nativ extra

1 Die Orangenschale mit einem Sparschäler dünn abschälen, die Schalen in sehr feine Streifen schneiden. Die Orange mit einem Messer großzügig schälen und die einzelnen Segmente zwischen den weißen Häutchen herausschneiden.

2 Die Orangenschalen und die -schnitze abwechselnd mit Oliven und Thymianblättchen in ein Einmachglas schichten, mit Olivenöl bedecken, verschließen.

3 Die Oliven im Kühlschrank 10 Tage ziehen lassen, dann servieren.

Tipps Für eine längere Haltbarkeit die Orangenfilets aus dem Glas nehmen und z. B. für einen Salat weiterverwenden. Das Glas wieder verschließen und kalt stellen. Das Aroma wird noch intensiver und die Oliven sind so mindestens einen weiteren Monat haltbar. Den Thymian durch frische oder getrocknete Rosmarinnadeln ersetzen.

Provenzalisches Lavendelöl

für 1 Liter

1 l Olivenöl nativ extra
1 Tasse Lavendelblüten, frisch oder getrocknet

1 Das Olivenöl mit den Lavendelblüten mischen. 2 Wochen an einem kühlen, dunklen Ort ziehen lassen. Das Öl absieben, in Flaschen füllen und gut verkorken.

Tipps Das aromatisierte Olivenöl eignet sich hervorragend für Salate mit Blüten und Früchten oder zum Grillen von Geflügel, Schweinefleisch und Fisch. Sehr dekorativ sehen 2 bis 3 getrocknete Lavendelhalme aus, die man dem fertigen Lavendelöl zufügt. Das Lavendelöl kann an einem kühlen, dunklen Ort mindestens 6 Monate aufbewahrt werden.

Apfelgelee mit Rosmarin

für 5 Gläser von 2,5 dl/250 ml Inhalt

2 kg säuerliche Äpfel
1,2 l Wasser
5 Rosmarinzweige

1 Zitrone, nur Saft, je Liter Fruchtsaft
1 kg Gelierzucker, je Liter Fruchtsaft

1 Die Äpfel ungeschält und mit dem Kerngehäuse in Stücke schneiden. Mit Wasser knapp bedecken und bei schwacher Hitze so lange kochen, bis die Früchte fast zerfallen.

2 Zum Absieben ein Salatsieb mit einem sauberen, nassen Küchentuch auslegen und auf einen großen Topf setzen. Die gekochten Äpfel mit der Flüssigkeit vorsichtig hineingeben und gut abtropfen lassen.

3 Den Apfelsaft abmessen, mit der entsprechenden Menge Gelierzucker und Zitronensaft unter Rühren aufkochen, etwa 4 Minuten sprudelnd kochen, von der Wärmequelle nehmen und rühren, bis der Schaum zerfallen ist. Anschließend sofort randvoll in vorgewärmte Einmachgläser füllen, in jedes Glas einen Rosmarinzweig stellen, verschließen, mit einem Tuch bedecken und langsam auskühlen lassen.

Tipps Auf das Aromatisieren mit Rosmarinzweigen verzichten, dafür 2 Lavendelblütenzweiglein in jedes Glas geben. Das Gelee an einem kühlen, dunklen Ort lagern. Es ist bis zu einem Jahr haltbar.

Provenzalisch marinierte Pflaumen

ergibt 4 Gläser von $^{1}/_{2}$ l Inhalt

2 kg feste Pflaumen ohne Druckstellen
1 l Weißweinessig
500 g feiner Zucker
5 Knoblauchzehen, ungeschält
5 Lavendelblüten-Rispen
5 Thymianzweige
5 kleine Lorbeerblätter
5 kleine Rosmarinzweige

1 Die Pflaumen mit einer Nadel rundum mehrmals einstechen.

2 Pflaumen, Essig, Zucker und Knoblauch in einem Topf aufkochen, etwa 5 Minuten zugedeckt kochen lassen.

3 Die Pflaumen kochendheiß in vorgewärmte Einmachgläser füllen, die Kräuter dazwischen legen, sofort verschließen. Mit einem Tuch bedecken und langsam auskühlen lassen.

4 Die Pflaumen an einem kühlen, dunklen Ort mindestens 2 Wochen ziehen lassen.

Tipps Diese würzig-süßen Pflaumen sind eine wunderbare Beilage zu Siedfleisch, Schweinebraten oder pochiertem Geflügel. Die marinierten Pflaumen sind an einem kühlen, dunklen Ort mindestens 6 Monate haltbar. Geöffnete Gläser im Kühlschrank aufbewahren und den Inhalt möglichst rasch konsumieren.